SE...

Françoi arne, de père italien e a banlieue des bords c italienne, la liberté
A seize aux P.T.T. La guerre, l'exode, le retour à Paris où il devient vendeur de légumes et de poissons sur les marchés, puis apprenti maçon. La suite, il la raconte dans *Les Russkoffs* (Prix Interallié 1979), le S.T.O., l'apocalypse de la fin de la guerre à Berlin, etc. *Bête et méchant* est le troisième volet de son autobiographie. Le quatrième est *Les Yeux plus grands que le ventre,* le cinquième *Maria;* le sixième (qui fait retour sur son enfance à Nogent) *L'Œil du lapin.*
A partir de 1945, début de sa carrière de journaliste. En 1949, il devient dessinateur humoristique. En 1960, il crée avec des camarades *Hara-Kiri,* « journal bête et méchant ». En 1968, c'est l'hebdo qui connaît le succès que l'on sait et qui devient en 1970 *Charlie-Hebdo,* disparu en janvier 1982.
Depuis 1985, Cavanna a presque entièrement renoncé au journalisme pour se consacrer à l'écriture.

Paru dans Le Livre de Poche :

LES RITALS.
LES RUSSKOFFS.
BÊTE ET MÉCHANT.
LES YEUX PLUS GRANDS QUE LE VENTRE.
MARIA.
L'ŒIL DU LAPIN.
LES ÉCRITURES.
... ET LE SINGE DEVINT CON.
LE CON SE SURPASSE.
LES FOSSES CAROLINES.
LA COURONNE D'IRÈNE.

CAVANNA

Mignonne, allons voir si la rose...

PIERRE BELFOND

UN TOUT PETIT AVANT-PROPOS

JE voulais écrire un livre pour dire mon bonheur d'écrire, et d'écrire en français. Ç'aurait été un livre très construit, qui aurait commencé à la page 1 et aurait fini à la dernière page, ayant dit ce qu'il avait à dire et démontré ce qu'il s'était proposé de démontrer.

Et puis... Comment cela s'est-il fait? Ça n'a pas voulu s'arranger comme ça. Rien à faire. Peut-être parce que j'ai été journaliste trop longtemps et qu'au fond je le suis resté? Ce que je vous propose se présente comme une série d'articles, de réflexions, de cris du cœur, qui, tous, ont pour sujet la langue française et cet amour que nous avons l'un pour l'autre, elle et moi.

J'aurais voulu écrire avec compétence et sérénité, mais je crains bien que, trop souvent, la passion ou la colère ne m'ait emporté là où ce genre de pulsion vous emporte.

Il se peut que, ici ou là, je me répète. Il se peut même que je me contredise. Il se peut aussi que j'aie proféré quelques âneries. Je ne suis pas un spécialiste de la langue, rien qu'un modeste usager, et un amoureux, ce qui n'arrange rien. Peut-être serez-vous assez indulgent pour estimer que la passion rachète les bévues?

Viens, mignonne. Allons voir si la rose...

UNE HISTOIRE D'AMOUR

SUIS-JE un intellectuel ? Je ne sais pas. Je ne sais pas trop ce que c'est. Je ne suis pas allé « dans les écoles », je suis tout juste allé à l'école. J'étais un gosse de la rue, et parmi les plus pauvres d'entre les pauvres. J'étais un enfant d'immigré. Je suis né et j'ai grandi dans le milieu fermé des travailleurs italiens du bâtiment de la banlieue de Paris. J'étais destiné à devenir maçon, comme papa, ou employé des postes, ce qui aurait fait tellement plaisir à maman. J'aurais été l'un ou l'autre sans regret, j'aurais, je le sais, fait joyeusement mon boulot, j'aurais été un maçon habile et consciencieux ou un postier qui aurait grimpé les échelons. J'ai d'ailleurs été l'un et l'autre, successivement.

Si je ne m'y suis pas tenu, c'est que mes réactions devant les hasards de la vie, en une époque tout spécialement épouvantable, m'ont projeté hors de l'orbite assignée. Et voilà que j'ai fait métier de dessiner, et puis d'écrire, et que j'ai pu aider, pendant la plus fructueuse partie de ma vie, de plus jeunes que moi à dessiner et à écrire.

On m'a appris à lire très tôt, dès ma quatrième année, je pense. En tout cas, à six ans, je lisais et écrivais à peu près couramment, comme d'ailleurs les autres enfants de pauvres que leurs mères accablées de travail confiaient chaque matin à l'école maternelle.

La lecture est devenue très vite pour moi un enchantement, puis une passion, un besoin, une intoxication. Je t'ai découvert dans les pages des livres où tu te cachais, ô mon beau parler français, et ce fut le coup de foudre.

*

Au vrai, je t'ai découvert en deux fois : d'abord le parler de la vie, et puis le parler des livres.

Je parlais comme parle un enfant : par imitation. Le français était ma langue maternelle et exclusive. Maman, fière paysanne des forêts de la Nièvre, n'autorisait que le français à la maison. C'était aussi la langue de la rue où nous traînions entre galopins, car tous les petits Ritals, passé la porte de chez eux, ne connaissaient que le français, ou plutôt l'argot des faubourgs. L'italien était pour moi une langue secrète et prestigieuse que parlait mon père avec ses camarades et que je ne comprenais pas.

A la maternelle, on nous lisait « Le Petit Poucet ». On nous faisait chanter des chansons. Ces mots qui n'étaient pas les mots de tous les jours, de la maison, de la rue, et quand même des mots simples que je connaissais, mais arrangés de façon jolie, ces mots me ravissaient, m'émouvaient, m'emportaient ailleurs, là où le ciel est bleu comme sur les images.

Je me suis abandonné à la magie des mots, au balancement rythmé de la phrase. Je trouvais dans les mots plus que le sens des mots. J'entendais la musique des mots, je voyais le dessin des mots, et la couleur des mots, autant que les êtres et les objets qu'ils évoquaient, autant que l'histoire qu'ils racontaient.

J'étais un enfant intelligent, exagérément sensible peut-être. Je ne comprenais pas tout, mais je pressentais. Ce qui lui demeurait énigme, ma mémoire le mettait de côté, ça finirait bien par s'éclaircir. Ça finissait bien, en effet.

Plus tard, ô ma langue bien-aimée, j'ai dû apprendre tes lois et tes rituels et, si je n'ai pas toujours été un bon élève, car j'étais fort turbulent, je les ai du moins reçus comme les règles d'un jeu fascinant, je n'y voyais ni contrainte ni arbitraire, mais logique et cohérence. On m'enseignait en même temps les rudiments de l'arithmétique, de la géométrie et des sciences dites « physiques », et j'y trouvais la même harmonie, la même rigueur procédant de la même logique, car il n'y a qu'une logique. Ce monde était un monde solide et beau. Tu y resplendissais et l'éclairais, car c'est par toi qu'on me l'expliquait.

*

Non que j'aie ignoré tes coquetteries, tes inconstances. Exceptions, contradictions, bizarreries d'orthographe et archaïsmes de construction auraient peut-être désenchanté un amant moins épris. Mais le lecteur boulimique que j'étais avait sans s'en douter assimilé tout cela bien avant que de l'entendre mentionner. Et, quand l'irrégularité périlleuse m'était signalée, je souriais, c'était une vieille connaissance que je retrouvais.

Quand on aime, on aime aussi le défaut sur le visage aimé. On aime d'abord malgré cela, et puis on aime pour cela. L'amour est devenu passion.

Ma langue-mère, ma langue-maîtresse, tu es comme tu es, et tu es la plus belle. Les siècles passent sur toi et tu es toujours jeune, le temps ne peut rien sur toi, c'est toi qui te sers du temps, qui t'en sers pour te renouveler, pour devenir plus élégante, plus mordante, plus efficace. Car chaque génération te redécouvre et te remodèle, en ajoute, en délaisse, s'emballe pour une trouvaille, s'aligne sur une mode, ne veut surtout pas faire ce qu'a fait la précédente et ressuscite plutôt celle d'avant celle-là. Pour ne pas ressembler à papa, on imite grand-père.

Ce que tu es n'est qu'un état fugitif de l'être. L'instant présent n'est qu'un instant qui passe, comme passèrent tant d'instants avant lui. Tu es perpétuel devenir, tu vas de l'avant, qui t'aime te suive.

*

Longtemps, les beaux esprits, ces juges, non plus que les grammairiens, ces flics, n'ont compris que cette perpétuelle fuite en avant était la vie même. Ils décidaient que l'aspect de toi qu'ils avaient sous les yeux était ton état de perfection, qu'il n'y fallait surtout rien changer, et donc ils s'efforçaient de le fixer à tout jamais, décrétant exécrable, « trivial et bas », tout ce qui n'était pas langage de cour, c'est-à-dire ce qui venait « d'en bas », du peuple. Or c'était justement là le creuset où bouillonnait la langue, où la métaphore moqueuse faisait sauter les mots du propre au figuré, où s'inventaient les suffixes cruels ou cocasses, où l'on raccourcissait, où l'on allongeait, où s'assemblaient hardiment les mots composés...

Toujours il y eut ce double effet : le torrent et le barrage, le populo créateur et la bienséance freinatrice. Toujours le torrent s'infiltrait par les fissures, et puis finissait par jeter à bas le barrage. Les cuistres en étaient quittes pour reconstruire leur barrage plus loin.

Périodiquement, les cuistres lançaient une grande offensive. Car, au fond, ces lettrés avaient honte de toi, même sous ton habit de cour. Eux affectaient de parler latin, le pur latin de Cicéron, et pour eux le français n'était que latin dégénéré. Leur rêve était, sinon d'imposer le retour pur et simple au latin, « langue parfaite » réservée à l'élite, tout au moins d'épurer le français, de le « relatiniser » au maximum. Ces agressions laissèrent mainte cicatrice.

*

Enfant, je découvrais avec la même gourmandise les mots des livres et ceux de la rue, les trouvailles de l'élégance et celles de la rusticité, tellement savoureuses les unes et les autres. Et puis, très tôt, j'ai été frappé par ce que j'appelle le « vice littéraire » : je vivais et en même temps je me regardais vivre, je me racontais vivre, ou plutôt je m'imaginais racontant ce que je vivais... Bien sûr, tout un chacun, plus ou moins intensément, connaît cela : au moment où il ferre une belle prise, le pêcheur à la ligne se voit déjà la racontant aux copains. Chez moi, c'était très fort, presque obsessionnel. J'appréciais l'instant tout en le vivant. J'en savourais l'incongru, le pittoresque, le dramatique... Je regardais le paysage, je me le décrivais, comme dans les livres.

J'ai écrit un roman. Qui ne l'a fait? J'avais dix ans. J'avais réussi à détourner un cahier de brouillon, un beau de cent pages, quadrillé de bleu et rayé serré. J'ai commencé par les illustrations. Toutes les quatre pages, sur la page de droite, je dessinais une scène angoissante de mon roman. Ça se passait dans les « pays chauds », comme on disait à l'époque, il y avait beaucoup de palmes, de lianes et de plantes carnivores, dans ce fouillis s'agitaient des Explorateurs à haut casque colonial et des Indigènes cruels et tout noirs. Très difficile, les Indigènes, à cause des yeux blancs sur le fond noir. Tout cela à la plume sergent-major. Je n'avais aucune idée de l'histoire, elle se débrouillerait ensuite pour se raccorder aux scènes des illustrations. J'ai commencé à rédiger. Les Noirs portaient des noms extrêmement exotiques, quelque chose comme Oukivarotirokamémouné, Tékirépulamiranaloulou... Je n'ai pas dépassé la page trois. J'ai oublié quel était le titre.

Et voilà. Les hasards de la vie ont fait de moi un artisan de l'écrit. Je ne suis nullement un linguiste, pas même un grammairien, je ne pourrais pas exercer les fonctions de prof de français dans un cours moyen de collège. J'écris « d'instinct », c'est-à-dire que je laisse couler de mon cerveau sur le papier ce que me suggère le considérable stock accumulé par mes lectures et par ce qu'ont entendu mes oreilles, arrangé au gré de ce qu'on appelle l'« inspiration », et amené à son degré optimum d'efficacité par un vigilant travail. Je manie ma langue avec aisance, c'est bien le moins, et avec un très grand plaisir. Ecrire est le plus exaltant des métiers.

Je fais des fautes, pas trop souvent, mais enfin ça m'arrive, et pas seulement par inattention. Bernard Pivot m'avait invité à participer à ses championnats d'orthographe : huit fautes! La dictée était vicieuse, je n'étais quand même pas très fier de moi.

*

On a dit que je défends le français avec l'ardeur des néophytes et la servilité des transfuges. Je crois vous avoir fait comprendre qu'étant né en France, d'une mère farouchement française, et n'ayant connu jusqu'à mon adolescence que le français, c'est tout bonnement en amoureux fervent que je l'exalte et que je le défends.

J'aime le français, ma langue, d'amour ardent. Je l'aime telle qu'elle est, parce qu'elle l'est. Sans concession. Oh, ce ne fut pas toujours la lune de miel! Il m'est arrivé, il y a bien longtemps, de la souhaiter plus ceci, moins cela... D'être agacé par sa tranquille perfection, par sa sérénité même. C'était l'époque où la vie me mettait en contact avec d'autres langues, des parlers bouleversants de beauté, et différents! Le contraste la faisait pâlir, ses tons pastel devenaient bien timides à côté des éblouissements de l'exotisme... C'est que je ne l'aimais pas assez. Pas encore. Je n'ai pas perdu le goût du bariolé barbare, je le goûte intensément, mais c'est dans le français que je suis chez moi.

*

Je n'aime pas qu'on méprise ce que j'aime. C'est mépriser le français que de préférer à ses mots des mots étrangers, c'est avoir honte de sa propre langue, et donc honte de ce qu'on est soi-même, que de se gargariser de vocables américains là où on n'en a que faire. C'est être, proprement, foncièrement, un colonisé, un bougnoule. Nous sommes les bougnoules des Amerlocks, bougnoules volontaires, bougnoules extatiques et bêlants. Si vraiment il est des cas où le mot importé est irremplaçable, francisons-le, nom de dieu, comme on francisait au grand siècle !

La dictature du plus fort, militairement, techniquement, commercialement, a amené l'hégémonie mondiale de l'anglo-américain. C'est là un fait dû aux hasards de l'histoire. Or, on justifie cette hégémonie par des raisons qu'on veut pragmatiques : concision, quasi-absence de grammaire, adaptation technologique... L'anglais est concis, mais imprécis. L'absence de grammaire entraîne l'absence de rigueur, le vocabulaire technique est tout bonnement imposé, l'Américain se refusant absolument (et non sans mépris) à condescendre aux langues indigènes.

Le français est la langue idéale de la science fondamentale, spéculative, « pure ». L'anglais est la langue des applications pratiques. Le français est la langue de Claude Bernard, l'anglais la langue d'Edison.

*

Ceci est peut-être un baroud d'honneur. Comme dit Ducon, « On n'arrête pas le progrès ». Et moi qui déteste tout ce qui est panache, symbole et tradition, moi qui ne fonctionne pas du tout au romantisme du désespoir, que fais-je, ici, en ce moment ?

Je ne me bats pas. On ne se bat pas pour une cause perdue, comme un saint-cyrien, casoar au vent. On se bat pour gagner. Or que suis-je, moi, face à la télé, à la radio, à la presse, à l'américanomanie, à la démission non furtive mais revendiquée des enseignants, face à l'inertie des masses, au désintérêt des jeunes qui ne voient qu'une chose : la suppression des difficultés ? Que suis-je, moi ?

Je ne me bats pas. Je n'ai pas la délectation

amère de qui se regarde mourir et « toute une époque avec lui » comme écrit Dugenou. J'aime le français d'amour ardent, il va mourir et moi aussi, je me couche à son côté et j'attends, j'attends avec lui, la main dans la main, en espérant que la mort nous prendra ensemble, comme deux gisants de pierre grise.

Je mourrais volontiers pour le russe, si j'étais russe. Il en vaut la peine. Mais je ne suis pas russe.

Et je terminerai ce chapitre en redisant, à ce M. Barbarant qui a mené grand bruit dans les médias pour préparer le lancement de son livre « Que vive l'ortografe! », et qui affirme n'être pas animé par le laxisme (tu parles!) mais par l'ambition, je cite :

« Parce que nous savons que la langue est la clé de l'insertion sociale, nous voulons, sans l'appauvrir, la rendre plus accessible au plus grand nombre. » *(Le Monde.)*

Je terminerai, donc, en lui disant : Vous chamboulez tout pour un « plus grand nombre » qui ne lit pas et ne veut pas lire, et qui écrit encore moins.

Vous avez dit « élitiste? » Et comment! Elitiste à la force du poignet.

DÉFENSE ET ILLUSTRATION DU CLICHÉ

L'HORREUR du cliché est un des premiers grands tabous que l'instituteur pénétré de l'importance culturelle de sa tâche s'efforce d'imprimer dans la tendre cervelle du petit enfant sans défense. (Attendez que je me relise, je ne suis pas certain qu'un ou deux clichés ne se soient pas glissés dans cette première phrase.) Un autre de ces tabous primordiaux est l'horreur de la répétition.

Définition du cliché (J'improvise, je n'ai pas de dictionnaire sous la main et j'ai la flemme de me lever) :

Phrase ou expression toute faite tellement ressassée que l'emploi en est devenu fastidieux ou ridicule.

Le cliché est donc une façon de dire tellement rebattue qu'elle a du poil aux pattes et de l'ennui plein les yeux, et que sa survenue dans un discours par ailleurs acceptable fait grimacer les gens de goût comme la découverte d'une mouche dans leur potage (Cliché !). C'est bien pourquoi le prof consciencieux traque sans pitié le cliché dans le devoir de français et tire à vue sur la sale bête à grands coups de crayon rouge. L'enfant a-t-il écrit, tout heureux de sa trouvaille : « L'homme poussa un profond soupir », aussitôt le crayon rouge, tel l'épervier cruel, s'abat du haut des airs sur la page malencontreuse qu'il cingle d'un trait rageur, et puis il en déshonore la marge de ce griffonnage qu'enfièvre une joie mauvaise : « Cliché! »

J'ai connu cela. Nous l'avons tous connu en nos tendres années. Ô notre angoisse! Nous interdire le cliché, c'était nous condamner à l'originalité. Or, l'originalité, comme son nom le laisse supposer, n'est pas le fait de tout le monde. Si tout le monde était spontanément capable d'originalité et d'élégance, tout le monde serait écrivain, et des écrivains qui parleraient comme ils écrivent, tu vois ça d'ici?

Les pauvres gosses, terrorisés par la peur de l'infamant cliché, n'osent plus risquer un mot. En écrivant, ils marchent, si j'ose dire, sur des œufs (Cliché! Aggravé d'un non-sens : on marche ou on écrit, il faut choisir. Ou alors ça veut être de l'humour, dans ce cas, dites-le. Ne pas mélanger les genres). Ils marchent, je persiste, sur des œufs. Car le cliché est sournois, il se cache là où on ne l'attend pas, la phrase la plus innocente peut en receler un. « Il courut ventre à terre... » Cliché! Ouf, se dit l'enfant, qu'est-ce que j'allais écrire... Bon, pas de ventre-à-terre. Mais quoi, alors? « ...comme un dératé »? Cliché! Aïe... « ...à en perdre le souffle »? Cliché! « ...de toute la vitesse de ses jambes »? Cliché! Oh, ben, si c'est comme ça, se dit l'enfant, tant pis. Et il écrit : « Il courut très vite. » Na. Au moins, j'échappe au crayon rouge. Ou alors, « Banal ». « Banal », c'est moins déshonorant que « Cliché! », ça fait pas ricaner toute la classe.

*

Au fait, pourquoi le cliché est-il maudit ? Relisons la définition : parce qu'on l'a tellement entendu, tellement lu, qu'il a comme un goût de rance. Il nous pèse sur l'âme, nous accable, nous rend très, très malheureux. A cause uniquement de l'effet de répétition ? C'est cela, oui. En somme, c'est la répétition qui fait le cliché ? Voilà. S'il n'y avait pas cette fastidieuse répétition, la phrase par elle-même ne serait peut-être pas horripilante ? C'est bien possible. Nous y sommes.

Une phrase n'est cliché que parce que ressassée jusqu'à l'écœurement. Si cette même phrase nous était servie pour la première fois, ce ne serait pas un cliché, ce serait peut-être une grosse bêtise, ou simplement une banalité. Mais pas un cliché. Elle suivrait son bonhomme de chemin (Cliché !) sur l'écran de notre attention plus ou moins distraite, à la queue leu leu entre deux autres phrases, nous ne la remarquerions pas spécialement, nous ne ressentirions en tout cas pas ce violent sursaut, cette rage meurtrière que provoque tout cliché en notre sensible nature.

Supposons maintenant que cette phrase soit une particulièrement belle phrase. Une trouvaille. Une perle. Une de ces choses qui font s'élever un murmure flatteur dans une assemblée de connaisseurs en beau langage, par exemple au bistrot. Eh bien, cette phrase risque fort de devenir un cliché. Parce que trop belle, justement. Trop bien trouvée, oui. D'où :

Nouvelle définition. Un cliché est une très belle expression qui est tombée dans le domaine public.

J'aime mieux cette définition. D'abord parce que

c'est moi qui l'ai trouvée. Ensuite, parce qu'elle serre la vérité de plus près (Cliché!). Enfin, c'est vrai, quoi : il semble bien que jamais personne ne se soit aperçu que les clichés sont presque toujours des choses admirables! De très belles, de trop belles trouvailles, victimes de leur excellence même.

C'est ainsi. Une jolie trouvaille verbale connaît le succès par son originalité, et c'est le succès qui tue son originalité. Pour voir la nuit, il faut l'éclairer, et si l'on éclaire la nuit, il n'y a plus de nuit.

Prenez un par un les clichés les plus rebattus, vous verrez, ce sont toujours de très belles choses bien balancées, qui font puissamment image, souvent d'une grande hardiesse, des associations d'idées fulgurantes, des trouvailles d'une bouleversante poésie, dont hélas la resplendissante beauté ne frappe plus nos sens hébétés par la routine. Ici, il nous faudrait un exemple. Voilà :

Je vous en prie, essayez de lire avec des yeux neufs (Cliché!) un cliché aussi galvaudé que celui-ci : « Il poussa un profond soupir. » Le genre de phrase qu'on n'oserait même plus imprimer dans les petits romans roses pour grand'mères baveuses de la collection « Harlequin ». Bien. Faisons table rase (Cliché!) de nos vieux automatismes et voyons cela d'un peu plus près.

Associer le verbe « pousser » au complément direct d'objet « un soupir », quelle hardiesse! On pousse une voiture, on pousse une porte... Mais un soupir! Eh bien, justement, l'audace paie. Cela marche très fort. « Il poussa un soupir... » On voit la poitrine accablée s'enfler et pousser en avant, par la bouche entr'ouverte, un gros paquet de souffle. « Pousser » est le verbe parfait qu'il fallait ici. Pour la puissance et la vivacité de l'image, certes, mais aussi, notez bien cela, pour l'assonance, pour la musique! Nous y sommes tellement faits que nous n'y prenons plus garde, nous mâchonnons notre belle langue comme du colin froid, sans même en sentir la délicate saveur... Pourtant, comme cela sonne! Ces deux « P », ces deux « S »! Les « P » poussent, les « S » soufflent... « Pousser un soupir! » En aucune autre langue un soupir ne peut s'exhaler comme en français. Parce que justement les autres langues n'ont que le verbe « exhaler ». Nous, nous poussons. Et si maintenant nous ajoutons « profond »... « Il poussa un profond soupir. » Là, nous touchons au sublime. Un ami, dont habituellement je prise le goût et le jugement, me fait remarquer que, pas plus qu'un soupir ne se pousse, il ne saurait être profond. La rivière est profonde, le puits est profond, la pensée est profonde au figuré, mais un soupir... Où situez-vous, s'il vous plaît, dans quelle dimension de l'espace, la profondeur d'un soupir? C'est raisonner en Teuton. « Profond » n'est pas ici descriptif, il est évocateur. Qu'évoque-t-il? Les profondeurs secrètes d'où provient ce soupir, obscurs replis d'entrailles, mais aussi, mais surtout, gouffres vertigineux de l'âme torturée... A ce « profond soupir » poussé par le malheureux, tout l'accablement du monde nous écrase. Et, bien sûr, ce « profond » concourt lui aussi à l'harmonie sonore, à l'efficace musique de la phrase. « Il poussa un profond soupir. » Nous sommes là, n'ayons pas peur des mots, devant un chef-d'œuvre de poésie, un chef-d'œuvre comme seule la langue française sait en produire, et elle en produit à foison, elle ne demande que cela, elle est toute en cela!

Savez-vous qu'aucune autre langue au monde ne permettrait qu'on « pousse » un soupir? Un soupir, ça s'exhale, ça s'expire, ça se soupire... En français, cela se pousse. Le français ose. Car le français est la langue la plus hardie, la plus riche en mots, la plus prompte aux images, la plus propice à l'allusion, à l'abstraction... Et si sa musique n'est pas la plus éclatante, du moins est-elle celle qui se prête le mieux aux subtiles harmonies.

Redites donc cela à voix haute, en vous pénétrant du sens des mots, en vous projetant bien les images, en scandant le rythme, en savourant la mélodie : « Il poussa un profond soupir. »

Voilà ce que c'est qu'un cliché.

En voulez-vous d'autres? Ecoutez celui-là, bien éculé lui aussi : « Elle lui jeta un regard noir. » Essayez donc de glisser cela dans une composition française... Honte et crayon rouge! Eh bien, connaissez-vous une langue qui « jette » des regards? Ne cherchez pas, seul le français l'ose. Et n'est-ce pas juste ce qu'il fallait? Ce regard jeté par l'œil file droit au but, prompt et fugace, et par ce seul mot « noir » il dit tout : l'état d'âme de celle qui le lance, le sourcil froncé, l'éclair assassin jailli des insondables ténèbres de l'orbite... Celui qui a trouvé ça fut content de soi, j'espère. En tout cas, on sut l'apprécier, la phrase a fait fortune, tout le roman-feuilleton s'en est gorgé, tout le dix-neuvième siècle, à tel point qu'elle est devenue le prototype même du cliché archi-usé que personne n'oserait plus employer.

*

Donc le cliché, image qui a trop bien réussi, est à fuir comme la peste. (Cliché!) C'est dire qu'on attend de chacun qu'il forge, au fil de la parole – et surtout de la plume –, des trouvailles aussi bien venues que le seraient des clichés, mais qui ne soient pas des clichés. Chacun doit donc être une source jaillissante de traits heureux. Oui, mais...

Depuis que le français se parle, chaque génération a fourni son contingent de nouveautés, si bien que le champ des possibles se restreint comme une peau de chagrin (Cliché!) et qu'il est de plus en plus difficile d'innover. La paralysante peur du cliché conduit à la recherche forcenée de l'expression rare, de l'originalité à tout prix, et, si l'on n'est pas doué, on tombe dans l'outré, ou dans le galimatias, ou dans la platitude, toutes choses, à mon avis, beaucoup plus pénibles à supporter, pour le lecteur ou pour l'auditeur, que le bon vieux cliché qui, même râpé comme un paillasson de maison close, fait honnêtement son travail.

Car un cliché fonctionne toujours, fût-ce avec un peu de flou. Je veux dire qu'il fait image. Quand j'entends « La marée monte à la vitesse d'un cheval au galop », je vois le cheval, je le vois, je vous assure, il est superbe, crinière au vent, écume aux lèvres, hennissant et martelant son grand galop sur le sable humide de la baie du Mont-Saint-Michel, et les vagues galopent et bondissent derrière lui, et mugissent, et le rattrapent... Je vois tout ça, moi.

« Il gèle à pierre fendre », je vois la pierre, c'est un pavé, un gros pavé de grès, qui d'abord se lézarde, et soudain éclate avec ce sec bruit sans écho des choses qui éclatent au gel... « C'est une pierre dans votre jardin », je vois une haie, et un méchant voisin qui, sournoisement, jette la pierre par-dessus la haie en ricanant, l'ordure...

« Négocier un virage », oh, que c'est beau, ça! Il y a le type, il y a la voiture, il y a le virage, et il y a ce marchandage entre le type et le virage. Le virage dit « Non, trop vite, je refuse. » Le type ralentit un peu et propose « Comme ça? » Le virage : « Mouais... Bon, ça va. Mais tout juste. » Les pneus crient, la voiture passe. Ils se sont mis d'accord, ils ont « négocié ». Ne venez pas me dire que le français ne peut plus créer. Il peut parfaitement. Il suffit que les Français veuillent.

*

Chez un écrivain, l'usage trop systématique du cliché est considéré comme l'aveu d'une pauvreté de vocabulaire, ou d'une déficience de l'imaginaire, ou encore d'un désir d'inouï dont il n'a pas les moyens, alors il se fournit en prêt-à-porter. Le cliché donne ici la mesure de l'impuissance créatrice de l'auteur. D'autre part, la hantise du cliché peut être paralysante. Un style trop épuré, même avec bonheur, donne une impression pénible de tour de force permanent, de préciosité. Chiant comme un premier de la classe. Ne repoussons donc pas le cliché quand il vient bien, quand il tombe exactement là où on l'attend. Ça n'en donnera que plus de saveur à la surprise quand, au lieu du bon vieux cliché attendu, le lecteur tombera sur une trouvaille tout à fait imprévue.

*

Il y a les gens qui font métier d'écriture, ou de parole publique, et il y a les gens qui se contentent de parler. D'écrire, à l'occasion. La question du cliché se pose différemment pour les uns et les autres.

Non que je condamne les professionnels du discours à la vigilance tatillonne devant le cliché. Encore une fois, ce serait les couper de la vie commune. Car le cliché est une connivence. Il suppose que le parleur et l'auditeur sont « sur la même longueur d'onde » (Cliché !), c'est-à-dire que non seulement ils pratiquent la même langue, mais encore qu'ils la connaissent dans les coins, qu'ils ont eu des enfances semblables, qu'ils ont fréquenté les mêmes écoles, traîné dans les mêmes rues, dévoré les mêmes illustrés, perdu leur temps dans les mêmes casernes, attrapé au vol les mêmes expressions à la mode dans les mêmes bistrots, bref, qu'ils sont, jusqu'au cou, plongés dans la même « culture » – oh, que je hais ce mot, employé dans ce sens !

Quand le gars de la télé m'annonce que tel sportif est « au bout du rouleau », que tel homme politique « n'est pas tombé de la dernière pluie », ça me fait plutôt plaisir, je suis dans mon bistrot, on est entre nous, c'est bon. Suffit qu'il n'abuse pas, ou plutôt qu'il n'emploie pas toujours les mêmes.

Or, c'est justement là que ça coince. Les gens des médias rabâchent un choix de clichés lamentablement restreint, les mêmes pour tous, c'est ça qui rend enragé ! « La balle est désormais dans le camp de... », « L'amour, pour vous, c'est quoi ? », « C'est une grande dame (du cinéma, de la chanson, des lettres, du patin à roulettes, de la tarte aux myrtilles...) », « Au niveau de la prise de conscience, personnellement, moi, je... », « Untel est merveilleux comme metteur en scène, un vrai pro... », « Il serait temps de faire sauter les verrous de la non-communication », « ...aux poubelles de l'Histoire », « ...des tigres de papier », « mettre à côté de la plaque », « lancer le bouchon trop loin »... Ça défile, ça grisaille, ça ronronne, ça ne fait plus surgir d'images, ou alors des images trop vues. On s'emmerde. D'un professionnel de la parole, on attendrait qu'il ait de la verve, qu'il soit inventif, et même inspiré, c'est la moindre des choses.

*

Mais, s'il vous plaît, messieurs les censeurs, foutez la paix au populo ! Laissez-le à ses réflexes, à ses automatismes. Qui ne sont pas si machinaux que ça, d'ailleurs ! Un cliché est une trouvaille, le gars qui l'emploie ne l'emploie pas au hasard. D'instinct, il le choisit parce qu'il sent bien que c'est une réussite. Parce que l'expression est forte, ou malicieuse, ou que l'image lui plaît, ou que ça sonne bien à l'oreille. Laissez parler le peuple, ne lui coupez pas la parole en l'intimidant. Les clichés sont les chromos du langage. Ils fleurissent timidement le long du parler de tous les jours, et les images qu'ils projettent, même pâlies par le long usage, me ravissent encore. Tant pis pour les blasés.

René Gentis, dans *Les Murs de l'asile,* réclamait le droit à la connerie. C'est bien de cela qu'il s'agit, mais je le dirais moins méchamment. Et je le refuserais absolument, ce droit, à ceux qui ont mission de « causer dans le poste » ou ailleurs.

*

Que sont donc les proverbes, « sagesse des nations », sinon des clichés qu'on a mis dans des cadres dorés ? Des clichés délibérément pessimistes, empreints d'une morale grincheuse, volontiers sado-maso, dont on se régale avec une amertume suspecte. « Tel qui rit vendredi, dimanche pleurera. » Ne sentez-vous pas là la délectation de l'aigre vieillard qui, au fond, SOUHAITE que le gai luron du vendredi se casse une jambe avant dimanche ? Je hais les proverbes, ces noirs prophètes de malheur, ces fourbes qui n'ont jamais rien empêché.

*

Il arrive souvent que le cliché soit à peine une trouvaille, tout juste une phrase bien venue qui ne prétendait à nul effet. « Ses paroles ont dépassé sa pensée. » Voilà certes un cliché bien usé. Pourtant, comment dire cela plus simplement, plus exactement? Plus joliment?

*

Moi tout le premier (« Moi qui vous parle », allais-je écrire : cliché!), mis en condition depuis l'école, je ne puis m'affranchir de cette obsédante recherche de l'expression non encore épanouie sur la langue ou sous la plume d'un quelconque prédécesseur. Docile comme un chien de Pavlov (Cliché!), je fais un détour quand je vois, à l'horizon de mon propos, poindre le cliché haïssable. Sans doute m'arrive-t-il de dire « tomber sur quelqu'un à bras raccourcis », mais je ne l'écrirai certes pas. Je chercherai autre chose, et je me donnerai beaucoup de mal car cette expression est belle à vous couper le souffle, l'image en est saisissante de force et de vérité[1]. Un génie a trouvé ça. Non, ça ne s'est pas créé tout seul, « jailli du génie populaire ». Le populo n'a fait que le reconnaître au passage pour génial, l'a adopté d'enthousiasme, s'en est régalé, l'a dit et redit, en a fait, eh oui, un cliché. Hélas. Tabou. Faut trouver autre chose. Mais quelque chose d'aussi réussi. Ouh là là... Admettons que j'y arrive. Eh bien, cette trouvaille, je ne pourrai

1. « Voler dans les plumes » est bien joli aussi, mais, pour l'instant, encore classé « trivial ».

l'utiliser qu'une fois, une seule. D'autant plus qu'elle sera mieux trouvée... Si mon récit comporte un bon nombre de ces situations où un type « tombe à bras raccourcis » sur un autre, vous imaginez la galère (Cliché !)...

*

Laissons donc pleuvoir les hallebardes, s'empourprer les fronts, ricaner diaboliquement les traîtres, le sang du héros à cette vue ne faire qu'un tour, le char de l'Etat naviguer sur un volcan, le crépuscule tomber comme une masse sous les tropiques, les filous se frotter les mains, les étonnés tomber des nues, les naïfs lâcher la proie pour l'ombre, les impatients mettre la charrue avant les bœufs, l'aiguille narguer le chercheur dans la botte de foin, les nègres se battre dans le tunnel, l'institutrice subir les derniers outrages, l'ivrogne mettre ses chaussettes à bascule, la bavarde n'avoir pas sa langue dans sa poche, le pédéraste répondre à la pute qu'elle n'est pas sa tasse de thé... Bref, laissons pisser les mérinos.

*

Si vous tenez absolument à avoir l'air intelligent, servez les vieux clichés avec une sauce nouvelle. Au clin d'œil, vous voyez. Second degré. On peut détourner, retourner et chantourner, on peut accoupler contre nature et faire des bâtards :

« Il riait à pierre fendre », « Sous les tropiques, le crépuscule tombe comme une enclume sur un orteil », « J'ai oublié de faire mes devoirs à la vitesse d'un cheval au galop »... On peut aussi pousser un regard profond et jeter un noir soupir, ça renouvelle le genre et ça ne fait de mal à personne, mais voilà : ce ne sera pas pris au sérieux. Ce sera classé « humour potache » si vous avez affaire au proviseur, ou peut-être « surréalisme », « oulipo », si l'interlocuteur a de la lecture.

*

Mais si vraiment des petites choses aussi charmantes que « rire à gorge déployée », « filer à l'anglaise », « prendre la tangente », « voler à son secours » ou même « procéder aux premières constatations », et « protester avec la plus grande énergie » ne vous projettent pas un bref petit cinéma intime et en technicolor sur l'écran du dedans de votre tête, que voulez-vous que je vous dise, moi ? Tant pis pour vous.

*

Je veux au passage vous faire toucher du doigt l'action primordiale du cliché dans ce qu'il est convenu d'appeler le « sens figuré » des mots. Prenons cet alexandrin (non, n'en cherchez pas l'auteur, je viens de le démouler tout exprès pour vous) :

« Je lui ferai sentir le poids de ma colère. »

« Poids, dit le bon élève, est ici employé au sens figuré. » Ce garçon mérite une excellente note. Mais, nous autres, n'apercevons-nous pas, tapi derrière l'image sonore, le groin épais du cliché ? Eh, oui... Je m'en tiendrai à ce seul exemple, ayant à cœur de ne pas vous fatiguer.

*

Pourquoi s'arrêter en chemin? (Cliché!). Voici que je me pique au jeu (Cliché!). J'avais pris le départ (Cliché!) pour une défense modérée, amusée, et, somme toute, assez paradoxale et provocatrice, du cliché, ce pelé, ce galeux... Or me voici découvrant, au fur et à mesure (Cliché!) de mon avance, le formidable, l'irremplaçable rôle du cliché. Vous allez voir.

Supprimons autoritairement (sous peine de prison, pourquoi pas? Et même de mort, tant qu'on y est!) l'usage de tout cliché. Alors, nous ne pourrons plus dire que le froid mord, pique ou cingle, que le thermomètre chute ou bondit, que la Bourse s'affole, que la situation s'effrite, que l'état du malade est stationnaire, que le franc fond, que le pouvoir d'achat s'érode, que le niveau de l'emploi fluctue, qu'un tel a l'âme noire ou basse, ou un cœur d'or, ou l'esprit étroit, que la conjoncture inspire en haut lieu les plus vives inquiétudes... Oui. Nous devrons nous surveiller! Mais nous ne pourrons même plus dire « sans doute », « à coup sûr », « je suis navré », « je vous demande une seconde »... Même plus « Bonjour! » ni « Comment allez-vous? »... Il faudra inventer, inventer... Briller. Et être compris, cela va de soi. Bien du plaisir! (Cliché).

*

On vous recommande de bien distinguer entre le blâmable cliché et la métaphore de haut niveau promue locution consacrée ayant accédé à la dignité du dictionnaire. Dire d'une jeune fille qu'elle a « un teint de pêche » vous déshonore irrémédiablement. On peut, par contre, lui faire « brûler la chandelle par les deux bouts » sans avoir à rougir. Je suis bien d'accord que le premier exemple est fade alors que le second est vigoureux, drôle et fait surgir sur l'écran de l'imagination toute une petite saynète prestement enlevée. Quand j'entends citer les deux bouts de la fameuse chandelle, ça me brûle les doigts, je secoue la main. Mais l'un comme l'autre sont banals, ressassés, exsangues. Pourquoi alors faisons-nous la moue au premier et goûtons-nous toujours l'évocation contenue dans l'autre ? En quoi « ruer dans les brancards » se distingue-t-il de « au plan des revendications découlant de la conjoncture » ? En ceci que l'un nous ravit et que l'autre nous barbe.

En somme, où commence le cliché ? Là où cela cesse de nous amuser. A son apparition, l'heureuse trouvaille étonna plus encore qu'elle n'amusa. Ayant fait carrière, elle n'étonne plus, elle amuse toujours, serait-ce furtivement. La voilà donc devenue métaphore honorable.

Le cliché, fruit lui aussi d'un coup heureux, n'a pas tenu la route. Le « teint de pêche », le « soleil de plomb », la « pluie diluvienne », « l'enfer des pavés du Nord », le « spectre du chômage », la « source généralement bien informée », la « tension à la limite du supportable », l'« activité créatrice d'emplois » et le « cocktail explosif », « l'escalade infernale de la violence »... nous laissent une pénible sensation de rabâchage. Peut-être parce que la métaphore qui en est l'essence n'est pas évocatrice d'images fortes et colorées, ou parce qu'il n'y a pas de métaphore du tout ? « Gibier de potence » n'a pas vieilli, bien qu'il n'y ait plus de potences. « Odieux individu » s'est tellement déprécié qu'il fait rire au lieu de faire peur. Du lieu commun au cliché, du cliché à la locution consacrée, il y a une hiérarchie de la réussite. Comme en toute réussite, la chance joue sa partie. Et la mode, donc!

Quand j'étais gosse, on châtiait notre langue, on en chassait non seulement l'argot, mais tout ce qui sonnait populaire (on disait « trivial »).

Une expression comme « Je vais te mettre la tête au carré » nous valait une punition, plus pour la trivialité de l'expression que pour l'agressivité de l'intention.

Pourtant, c'est bien de source populaire, « triviale », que sont sorties des merveilles telles que « Passer du coq à l'âne » (Je vois réellement le bavard sauter du dos d'un coq sur celui d'un baudet!), « Faire feu de tout bois », « Ne pas se moucher du coude » et tant d'autres qui ont droit de cité, et c'est justice. Elles sont belles, vives, galamment troussées et dansent en cadence. Elles sont certainement passées par un long purgatoire, honnies des puristes et des gens du monde, et puis elles ont forcé leur chemin, les voilà bien en place.

Tant qu'une langue forge de telles trouvailles, elle vit, et d'une belle santé. C'est ce qui importe. Les intrusions étrangères? Elle les digérera. Ou les recrachera.

*

Je ne voudrais pas quitter ce chapitre sans évoquer la grande querelle de « La fête bat son plein ».

Il y a ceux qui soutiennent que ce plein-là n'est pas le plein de la fête, comme on pourrait croire à premier examen, mais bien le plein du son. Quel son? Le son du tambour. Quand la peau du tambour est bien tendue, on tape dessus à tour de bras et le son est plein. Il s'agit donc d'une métaphore, la fête est comparée à un tambour. Dans ce cas, « son » est un substantif, « plein » un adjectif.

Il y a ceux qui accusent les précédents de chercher midi à quatorze heures et qui veulent que ce plein soit tout bonnement le plein de la fête. Dans ce cas, « plein » est le substantif, « son » l'adjectif (possessif)... Mais que peut bien vouloir dire « battre » son plein ? Ne nous en mêlons pas, laissons-les en découdre. Moi, amateur de fanfreluches et cartésien recuit que je suis, je pencherais pour le son du tambour, tellement plus satisfaisant pour l'imagination et pour la raison. Et puis, ça ouvre la porte à de jolies variantes : « La fête bat le plein de son son », par exemple.

DIVINE ANDROMAQUE

Une civilisation donnée est toujours liée à une religion donnée, particulière et exclusive. C'est tout simple : chaque peuplade a ses dieux à elle, si donc la peuplade accède à l'importance historique ses dieux deviennent dieux nationaux, voire universels.

La civilisation dite « occidentale » est chrétienne. Judéo-chrétienne, si tu y tiens. Le christianisme n'a jamais passé pour une religion tolérante. Le sang versé lors de la répression des déviations « hérétiques » des premiers siècles, des croisades, des guerres de religion, des procès d'Inquisition et des pogroms variés l'atteste.

Or – certes, voilà un beau gros paradoxe ! – la civilisation chrétienne occidentale est la seule dans toute l'Histoire à avoir intégré profondément dans ses traditions – dans sa « culture » – des mythes complètement étrangers à son système religieux, mythes auxquels elle n'accorde d'ailleurs aucune espèce de foi. Ces mythes sont ceux de la religion disparue qui fut celle des Grecs et des Romains de l'Antiquité et qu'on désigne précisément par les noms de paganisme ou de « la » Mythologie (avec majuscule).

N'est-ce pas là chose bien curieuse, en vérité ?

*

Le prestige gréco-romain court comme un souvenir fugace à travers tout le pieux Moyen Age. La flambée de la Renaissance et de l'Humanisme l'a si bien ranimé qu'il illumine les siècles suivants et imprègne presque exclusivement notre littérature profane subséquente. Il est impossible de rien comprendre à nos grands classiques si l'on n'est pas familiarisé au moins superficiellement avec l'énorme foisonnement des mythes grecs. On connaît beaucoup mieux Homère et Ovide que la Bible, même si on ne les a jamais lus.

Les travaux d'Hercule, l'enlèvement d'Hélène, la conquête de la Toison d'Or, les métamorphoses de Zeus et les principaux épisodes de l'*Iliade* et de l'*Odyssée* sont – étaient ? – familiers à tout potache, alors que les exploits d'Abraham, de Tobie, de Joseph ou des Maccabées, et jusqu'aux détails de la vie du Christ et de sa prédication sont à peu près ignorés, même de la plupart des chrétiens dits « pratiquants ».

Les civilisations autres que la nôtre rendaient un culte exclusif et jaloux aux dieux de la cité et haïssaient, méprisaient, à tout le moins ignoraient les autres comme dieux étrangers, donc hostiles, ou tout simplement faux dieux.

Nous, massivement chrétiens (à moins que nous n'appartenions à l'infime minorité des athées conscients et résolus), nous affectons de faire comme si nous prenions au sérieux les fariboles d'une très vieille religion archi-morte dont nous ne croyons pas un mot.

Exemples choisis de courage ou de civisme, citations, comparaisons, allusions, symboles et allégories, thèmes de dramaturgie de peinture, de sculpture, de musique, définitions de mots croisés (ô Io!)... Tout est clins d'œil et connivence entre gens de bonne compagnie ayant sucé ensemble le lait divin des Muses. La Mythologie est vraiment l'inépuisable source de notre inspiration. De Shakespeare à Racine, de Molière à Giraudoux, à Anouilh, à Cocteau, ils puisent inlassablement dans la marmite aux fables et y pêchent d'« immortels thèmes » à rajeunir... Nos villes foisonnent de statues où des vieillards amplement barbus et tout nus personnifient tel ou tel fleuve déifié, où des dames à l'altière poitrine drapée à l'antique figurent des villes, des vertus, de nobles abstractions (la Justice, la Liberté, la Patrie...). Nos musées débordent de Léda couverte par son divin cygne, d'Hercule terrassant le lion, de Mercure courant sur ses petites ailes, de Fortune volant sur sa petite roue, d'amours joufflus, d'Aphrodite jaillissant de l'onde amère...

*

La Mythologie est une affaire de famille. Chaque épisode, chaque personnage, se relie à chacun des autres pour tisser une trame serrée en forme d'arbre généalogique, un arbre généalogique qui voulait être celui de l'humanité et contenir l'histoire ainsi que l'explication du monde, de sa création, de ses fins dernières et de tous les phénomènes de la nature, sans oublier les mouvements de l'âme.

Prétention puérile, dont nous nous amusons. Le christianisme a balayé les mythes, la science a ridiculisé les explications... Mais Orion, mais les Gémeaux, les Pléiades, les Néréides, Andromède, Persée, Pégase et tous les autres illuminent glorieusement nos ciels d'été. Mais Jupiter, Neptune,

Uranus, Mercure, Vénus et Mars tournent inlassablement autour du dieu Soleil. Les planètes n'étaient pas les symboles des dieux, elles étaient les dieux mêmes. Et lorsque les astronomes du vingtième siècle en découvrent une encore ignorée, c'est un dieu qu'ils font renaître : Pluton.

Quand Freud veut construire un système cohérent des maladies de l'esprit, c'est dans la Mythologie qu'il va chercher des noms pour ses « complexes ».

*

Je ne sais trop à quoi ressemblent les patronymes grecs dans la langue d'origine, et je préfère ne pas le savoir. Ils sont venus jusqu'à moi tels qu'en bon parler de cheux nous les siècles naïfs les changèrent, et c'est si beau, si merveilleusement harmonieux, cela sonne si juste, qu'il est impossible qu'ils aient été plus réussis en leur originelle, naturelle et vraie de vraie version.

Qu'était en grec Andromaque? Qu'importe! C'est en français qu'Andromaque s'est accomplie pleinement. Andromaque, quelle qu'ait pu être sa forme première, attendait de devenir Andromaque, a-q-u-e, c'est là qu'elle triomphe, la brune indomptée, là que son adorable profil prend toute sa séduction et toute sa majesté, oui, là même, par la magie de cet « e » muet qui tendrement féminise l'emphase du « a » sonore. Andromaque, c'est la douleur et la passion, c'est la veuve sublime, de par son deuil même désirable, si désirable... Andromaque, quand on a quinze ans, c'est la mère du copain, une de ces mères aux longues jambes et au chignon bien tiré... Nous sommes tous des Pyrrhus aux pieds d'Andromaque.

Prononcez à voix haute, bien lentement :

Andromède, Atalante, Iphigénie, Circé, Antigone, Calliope, Alcmène, Oreste, Hippolyte, Electre, Hermione, Phèdre, Calypso, Patrocle, Sisyphe, Etéocle, Prométhée, Phèdre, Clytemnestre...

Cela sonne azuré comme le carillon de Vendôme vous savez :

Orléans, Beaugency,
Notre-Dame de Cléry,
Vendôme,
Vendôme!

Agamemnon et Clytemnestre... Quand ces deux-là faisaient l'amour, quel entrechoc de syllabes sonores! Quel raffut dans le palais de marbre!

*

En quelle autre langue ces noms pourraient-ils être aussi beaux? Là, l'orthographe non phonétique crée du sublime. Les sons tombent à plat si tu n'as en même temps la vision du mot. C'est le mot, le mot écrit, qui fait surgir la femme ou le guerrier. Ton œil voit le mot, il ne le déchiffre pas, ne l'épelle pas, mais le survole, d'un coup le reconnaît comme on reconnaît un visage, et voilà : elles sont là, immenses, verticales, terribles, les héroïnes, terribles et femmes, éperdument...

Un étranger apprenant le français entend Andromak, Elektr, Fèdr... La façon compliquée des Français de reproduire ces sons simples lui paraît oiseuse et agaçante. Seul un Français sent la différence entre Elektr et Electre. Dirons-nous que le français est une langue qui ne s'appréhende dans la plénitude de son message affectif que de l'intérieur? Disons-le.

*

La plupart du temps, disent les manuels, il n'existe aucun rapport entre le son des mots et leur sens. Mis à part, bien entendu, le cas des onomatopées, qui sont des bruits imitatifs, ou qui du moins essaient de l'être.

Seuls donc président à la formation et à l'évolution des mots les hasards de l'étymologie, l'altération de la prononciation au fil des ans (au dix-huitième siècle encore on disait « moué » pour « moi », « le roué » pour « le roi », « françoué » pour « français », on roulait les « r »...), les erreurs des copistes (combien de lettres redoublées sont dues à des chiures de mouches prises pour des signes de doublement, aux époques où il fallait économiser le parchemin!), l'intervention autoritaire des cuistres (périodiquement, les savantasses prétendaient ramener le français, considéré comme du latin perverti, à ses nobles origines, d'où les doublets : « frêle » et « fragile », « raide » et « rigide », etc.), les infiltrations étrangères, les influences provinciales (le français, dialecte de l'Ile-de-France, doit beaucoup au picard, au normand, au parler des pays de la Loire...).

Au bout de toutes ces vicissitudes, telle la boule du loto qui, dûment secouée dans sa cage sphérique, jaillit enfin par le petit trou, le mot, plaf, est là.

J'insiste : à aucun moment de son histoire on n'a cherché à combiner la musique de ses syllabes de façon à lui faire évoquer, à lui faire « mimer », la chose ou le concept dont il est le symbole sonore. Or...

Or, prenons un mot, au hasard ou presque. Prenons, tiens, « lentement ». Un adverbe bien honnête, ma foi. Ce n'est autre chose que l'adjectif « lent », lequel vient du latin « lentus » et puis s'est adverbialisé suivant la bonne vieille recette en ajoutant « ment » au bout de sa forme féminine « lente ». Rien de prémédité là-dedans.

Et pourtant, quoi de plus traînant, de plus mollasson,... de plus lent, que ces deux « en » bien gnangnan, étirés derrière ce « l » et ce « m » apathiques, à peine séparés par ce faible « te » tout juste capable de soulever un peu la pâte amorphe pour mieux la laisser retomber ensuite. « Lentement », c'est la reptation exténuée de l'escargot. « Lentement »... On bâille à seulement l'entendre. Peut-on concevoir meilleure façon d'exprimer cette langueur?

Encore une fois, rien de préconçu là-dedans, rien que le jeu du hasard initial et des déterminants banals. Alors?

Disons qu'en tout cas, parmi les facteurs qui ont amené « lentement » à être tel qu'il est, aucun n'a joué en sens contraire, je veux dire de façon à donner à cet ensemble de sons une allure pimpante, allègre, stimulante. Il s'est passé ici quelque chose qui ressemble fort au mécanisme de la sélection naturelle chère à Darwin : seules les influences qui n'allaient pas à contresens de la survie (ici : du renforcement de l'impression de lenteur) ont pu jouer. Je ne sais quel mystérieux barrage élimina les autres... Où est la cause? Où, l'effet? Rétroaction cause-effet réciproque? Il y a sûrement de ça. On mime inconsciemment ce qu'exprime le mot, et l'évolution historique du mot en est certainement influencée. Donnons à ces mécanismes obscurs mais efficaces le nom de « conscience collective » ou de « génie de la langue », pourquoi pas? Ce sont mots qui n'expliquent rien mais évoquent beaucoup.

Quoi de plus vif que le mot « vif »? Pourtant, ce n'est que le terme « vivus » latin raccourci par la prononciation française des premiers âges qui laissait carrément choir la désinence non accentuée, ici « us ». Et le résultat, non recherché, est ce « vif », ce saisissant coup de fouet sifflant sèchement dans l'air, cette incarnation magistrale de toutes les vivacités... On a envie de crier « Bravo ! ».

Prononcez à voix haute, en vous efforçant chaque fois de bien évoquer la chose :

Gros. Boursouflé. Cascade. Immense (ah, ces deux « m »!). Massacre. Mou. Molle. Lueur. Enorme. Ciseaux. Cruel. Aurore. Pointu (et « aigu », donc!). Puissant, puissamment. Correct. Nourriture. Exterminer. Colonne. Gracieux. Bref. Terrible, terreur. Abomination. Pénombre. Fracas. Manger (ah, ce « an » à pleines joues, ce « ger » onctueux...). Douce. Brosse. Liquide. Caresse. Hérisson. Fer. Acier (orthographié « assié », ça rend le même son, mais ça ne fonctionne plus. Dites-moi donc pourquoi « acier », écrit ainsi, est rigide, affûté, étincelant, impitoyable? Est-ce le crochet de ce « c » à l'air féroce? Est-ce le « ier » tellement plus tranchant, plus agressif, qu'un « ié » tout mignon?) Pomme. Bœuf. Fromage. Grignoter. Lac. Dévorer. Savourer. Océan. Amour...

On arrête là. Rien ne vous empêche de vous amuser à allonger la liste. Les mots dont la musique et le graphisme accompagnent et renforcent le sens, à l'œil aussi bien qu'à l'oreille, foisonnent. Les poètes le savent bien! Tout le vocabulaire français n'est certes pas composé que de telles heureuses réussites, loin de là. Beaucoup d'autres mots se contentent de ne pas sonner à contresens, de ne pas être anti-évocateurs. Par exemple, « nager », « armoire », « pied », « chat »... sont, disons, du point de vue qui nous intéresse, strictement neutres.

Vous êtes sceptique ? Essayez donc d'imaginer que « gracieux » signifie « terrible », et vice versa. Que « pointu » signifie « gras »... Eh oui. Ça ne marche pas. Ça vous fait rire. Il me reste à espérer que vous m'avez compris et que vous ne me donnerez pas le chagrin de me confondre avec les joyeux farceurs qui s'extasient de ce que « hirondelle » est doté de deux « l » (deux ailes) et qui souhaiteraient que « poule » en ait autant.

GLOIRE A LA VIRGULE ! MORT AU POINT-VIRGULE !

SI, grâce à Pivot, l'orthographe, bien qu'âprement discutée, est à la mode, par contre, la ponctuation...

Celle-là, on ne l'aime pas. Ah, non, alors ! Cette chichiteuse, cette emmerdeuse... On la balancerait volontiers par-dessus bord, elle, ses virgules qu'on ne sait où placer, ses guillemets qu'on ne sait quand ouvrir ni quand fermer. Le point, oui, à la rigueur...

*

Un bon gros, le point. Un type qui sait ce qu'il veut. Il s'abat, boum, comme son presque homonyme sur une table, pas à hésiter, la phrase est finie, bien finie, la suivante peut s'avancer en toute majesté, précédée de la majuscule déployée en oriflamme.

« Avant un point, on baisse la voix », m'enjoignait-on quand j'apprenais à lire. Je la baissais, docile. Dans mon empressement, je la baissais carrément de deux ou trois tons, ça faisait des fins de phrases à résonances caverneuses et, en effet, je constatais avec ravissement que cette plongée vers les graves marquait sans hésitation possible la fin du propos, faisait de la phrase un tout bien compact, proprement emballé dans son paquet-cadeau.

Le point, garde-chiourme de la syntaxe, mais aussi auxiliaire puissant de la pensée. Quand tu t'aperçois que tu te perds en un labyrinthe tortillant, que les incidentes, les mises en apposition, les subordonnées conjonctives et les relatives s'emmêlent et ne te mènent à rien qu'au galimatias, alors, arrête-toi. Ferme les yeux. Respire un grand coup. Deux, trois grands coups, bien profonds. Et distribue des points. De beaux gros points ronds... Aussitôt, ça va mieux. Les phrases courtes – sujet, verbe, complément – parlent clair et net. Tu penses clair et net. Tout est débrouillé. « Ce que l'on conçoit bien s'énonce clairement. » Certes. Il importe tout d'abord de bien concevoir. Mais entre la conception et la formulation on peut perdre de vue la ligne d'horizon. Le point est là pour t'aider à t'y retrouver. Et pour aider ton lecteur à grimper la côte. Combien d'auteurs gagneraient à user généreusement du point !

*

Quel génie a imaginé le dessin des signes de ponctuation ? Voyez le point d'exclamation : il bondit en l'air en une explosion verticale, il sursaute, littéralement, et nous fait sursauter. Le point d'interrogation s'élève mollement en une volute indécise, comme la fumée de l'ignorance inquiète qu'il veut insinuer en nous.

Le point d'interrogation indique la question, le point d'exclamation la surprise, l'indignation, la colère, le commandement, l'appel... L'un et l'autre marquent la fin d'une phrase, car ce sont avant tout des points, avec toutes les responsabilités et prérogatives attachées au statut de point. Mais ce sont des points à vocation spécialisée.

N'oublions pas que les signes de ponctuation sont les notations musicales de la phrase. Les modulations qu'ils indiquent portent sur le sens, mais aussi sur la mélodie, l'une étant d'ailleurs l'expression orale de l'autre. Et donc, apercevant à l'horizon de la phrase un point d'interrogation, on prend un ton interrogatif, on chante l'interrogation, ce qui s'exprime en élevant très fort la voix, à l'inverse de ce qui se passe avec le point simple, qui commande qu'on la baisse.

Au signal du point d'exclamation, on s'exclame. On prononce plus fort et sur une note aiguë le dernier mot de la phrase, ou le seul mot si c'est une interjection. En somme, on s'écrie.

« Comme cet enfant est BEAU ! »

« Quel BONHEUR ! »

« HÉLAS ! »

« HÉ ! »

L'exclamation peut être marquée par un point d'interrogation, ce sont des choses qui arrivent :

« Quoi ? Tu as osé faire cela ? »

Nous n'avons pas affaire ici à de véritables questions, mais bien à une interjection violemment indignée suivie d'une phrase qui n'est nullement une interrogation mais bien une constatation formulée sur le mode explosif. La forme interrogative rend parfaitement le ton de la surprise, de l'indignation et d'un étonnement plus ou moins feint devant tant de scélératesse soudain révélée.

*

La ponctuation, cette négligée, cette mal aimée... Quelle méconnaissance, quelle ingratitude ! Veux-tu des comparaisons ? Elle est la signalisation routière de l'écriture (et de la lecture, donc!). Elle est la notation musicale de la parole (je l'ai déjà dit, je le redis). Elle est la baguette du maestro. Elle est l'indication des jeux de scène. Elle est celle qui rythme et qui précise, celle sans qui tout ne serait que cacophonie et quiproquos.

Quelqu'un, je ne sais plus qui, a dit de la ponctuation qu'elle est « la respiration de la phrase ». Peut-être en effet suffisait-il de dire ça?

Oui, mais pourquoi l'emploi de la virgule est-il aussi compliqué?

Veux-tu te taire! La virgule, tiens, la virgule... Joyau étincelant de la grammaire française. Nulle autre langue au monde n'a su tirer de la virgule le subtil et magistral parti qu'en a tiré le français. Tout à l'heure, je chanterai la virgule.

*

J'ai été bien formé. En ce temps-là, on nous formait bien. J'ai acquis les réflexes. Quand je lis, ça se fait tout seul, dans ma tête j'observe soigneusement les indications de la ponctuation, je baisse la voix aux points, je la hausse aux virgules, je sursaute et m'exclame aux exclamations, j'interroge aux interrogations, je laisse en suspens la phrase, une jambe en l'air, aux points de suspension. Un texte imprimé est pour moi un discours vivant, celui qui a écrit ça, peu importe qui il est, m'interpelle, veut me convaincre ou m'émouvoir, je l'entends me parler, je le vois, il tire sur mon bouton de col pour me persuader... Tout ça par le miracle de la ponctuation. Et si ce sont les répliques d'un dialogue que je lis, alors je suis pour de bon au cinéma.

Une virgule manquante ou mal placée me fait trébucher. Je pardonne plus aisément les coquilles qui affectent les mots que celles qui mutilent la ponctuation.

*

Oui. Nous en étions aux différentes variétés de point. Il y a encore, dans la famille des vrais points, je veux dire de ceux qui closent impérativement une phrase, les points de suspension. Les trois petits coquins qui font si efficacement image. Ils se placent, en principe et comme leur nom l'indique, pour marquer qu'une phrase est brusquement interrompue et demeure inachevée.

« Si je ne me retenais pas... »

On les trouve aussi après une énumération pour prévenir qu'on n'en a donné qu'un aperçu, en fait elle continue mais on ne veut pas vous ennuyer, cher lecteur, n'est-ce pas...

Mais on peut les voir parfois à la queue d'une phrase en bonne santé et en possession de tous ses membres. Là, ils suggèrent je ne sais quelles suppositions, je ne sais quels prolongements dans le flou, un flou où rôde une connotation généralement malveillante, voire menaçante :

« Tu as toujours le droit de refuser, cela va de soi... »

C'est parce qu'ils ont l'air de s'esbigner sur la pointe des pieds, à la queue leu leu, furtifs et sifflotant d'un air détaché, hypocrites comme tout.

J'aime bien les points de suspension. Ce sont des amis.

*

Les points d'interrogation, d'exclamation et de suspension sont, j'insiste, des points. Des points, comme on dit, à part entière. Donc de ces signes qui marquent l'irrémédiable fin d'une phrase et, éventuellement, le début d'une autre. Conséquence : après chacun d'eux, il faut une majuscule. Impérativement. Enfin, moi, c'est comme ça que je vois les choses.

Or, chez beaucoup d'auteurs, et pas forcément de ces farceurs nihilistes qui veulent être à l'écriture ce que Picasso fut à la peinture et Boulez à la musique, chez beaucoup d'auteurs on affecte de mépriser cet usage pourtant si flatteur à l'œil et tellement satisfaisant quant à la clarté du texte.

C'est navrant.

Ne croyez pas que ce soit de ma part l'effet d'un conformisme aussi outré que rétréci. Pas du tout. Mon seul souci est que tout fonctionne au mieux. Quand j'estime qu'il faut être contre, je n'hésite pas. Tenez, il est un usage que je trouve absurde et contre lequel je ne manque pas de m'insurger chaque fois que l'occasion m'en est donnée. C'est celui qui consiste à coller un point d'exclamation au derrière d'un « Oh », d'un « Ah » ou d'un « Eh » placé en tête de phrase. Le *Grevisse* est formel : « Ces interjections sont toujours suivies immédiatement d'un point d'exclamation. » Pas d'accord. Après « Oh », je mets une virgule, et la phrase court. C'est à la fin de la phrase que l'on s'exclame. « Oh, c'est toi! » Sauf, bien sûr, si ce « Oh! » constitue une phrase à lui seul. Voilà une exigence qui m'a valu maint accrochage avec typographes, clavistes et correcteurs, esclaves de la règle.

L'usage, confirmé par la règle, veut que, dans le discours direct, le point d'interrogation précède l'incise. Ce qui donne : « Venez-vous? dit-il. », entraînant la conséquence de ce « dit-il » privé de majuscule. Ceci m'étant insupportable, il me faudrait donc écrire « Venez-vous, dit-il? » qui ne vaut pas mieux. Alors, tournant l'obstacle, j'écris : Il dit « Venez-vous? »

Il y a toujours moyen de s'arranger.

*

Qui a inventé le point-virgule? Je ne sais pas. A quoi sert-il? A rien. A embêter le monde. A rassurer les écrivains timides. A masquer le flou de la pensée derrière le flou de la syntaxe... Bref, à rien de bon.

La preuve : on peut toujours le remplacer par un point. Essayez, vous verrez. Chaque fois que, dans vos lectures, vous trouvez un point-virgule, mettez un point à la place, et aussi, par voie de conséquence, une belle majuscule au premier mot qui suit. Miracle! Soudain tout sonne tellement plus clair, plus net, plus décidé!... Mais, objecte le scripteur, c'est justement le flou que je voulais rendre, l'incertain, l'hésitant... Très bien : les trois points alignés sont là pour ça, les si bien nommés « points de suspension », tellement éloquents dans l'art d'exprimer l'inexprimable!

Mais, vous obstinez-vous, c'est que je voulais marquer un arrêt moins brutal, moins péremptoire que ce « Stop! » sans nuance qu'impose le point, établir des catégories moins rigides que ces phrases implacables qui s'insèrent, majuscule en tête, en régiments alignés à la prussienne, entre leurs deux points granitiques. Le point-virgule, continuez-vous, donne au discours du souple et du liant, je dirai même de l'élastique, et rend moins cahotant le parcours.

Vous ne me persuaderez pas. Tout cela, le point peut le faire, à condition de savoir s'en servir. Le point, « avant lequel on baisse le ton », remplit magnifiquement sa fonction. Il marque la fin d'une phrase, c'est-à-dire d'une étape dans la démarche de la pensée, et, s'il y a lieu, le début de l'étape suivante. Ce qui se déploie entre deux points est un tout bien architecturé, scandé par les virgules qui en sont la respiration.

Que dit le « Grand Larousse »? « Le point-virgule se place à la fin d'une proposition présentant un sens complet, mais ayant une liaison logique et nécessaire avec la suivante. » Ah, ah... Quand le sens vient mettre son nez là où il n'a que faire, ici dans la forme, on a le galimatias. Voyons un peu.

1. « La lune brillait en son plein; la nuit était fort claire. »

2. « La lune brillait en son plein. La nuit était fort claire. »

Ces deux propositions sont liées l'une à l'autre de façon « logique et nécessaire » : le fait décrit par la seconde est la conséquence directe du phénomène rapporté par la première. C'est parce que la lune brillait que la nuit était claire, nous en sommes bien d'accord. La façon 1 de transcrire cela, avec point-virgule, est donc conforme à l'énoncé du « G-L ».

Mais la façon 2, avec point et majuscule, est-elle moins évocatrice quant au lien « logique et nécessaire » qui unit ces deux constatations? Absolument pas. Et elle donne une vigueur, une netteté à la description en en séparant bien les deux volets. Premier temps, elle projette sur l'écran de notre imagination la lune qui brille dans le ciel étoilé. Et puis, clac, la caméra plonge au sol pour étaler sous nos yeux le paysage nocturne baigné de lumière d'argent... J'aime les phrases courtes, quand ce sont des phrases courtes qu'il faut. Mais des phrases, de vraies phrases, pas de ces vasouilleries informes à points-virgules !

Quant aux arguments spécieux par lesquels les défenseurs du point-virgule essaient de justifier son emploi : comme quoi il marquerait une halte moins « brutale » (?) que celle du point, intimerait une injonction plus nuancée, moins autoritaire, une espèce de freinage en douceur opposé au coup de patin sans réplique du point... Mouais. C'est tout simplement aveu d'échec. C'est demander au malheureux point-virgule, triste bâtard ni chèvre-ni chou, de faire ce que devraient être capables de faire les mots eux-mêmes, de par leur choix et la façon de les arranger. C'est demander à une ponctuation de pacotille de replâtrer tant bien que mal ce qu'on n'a pas su mener à bien.

Qu'y a-t-il donc, après un point-virgule ? Quelle est cette chose qui commence là ? Une phrase ? Mais non ! Une phrase débute par une majuscule. Alors, une proposition satellite isolée, colonie lointaine d'une proposition principale ou compagne séparée de coordonnées à rechercher quelque part en amont ou en aval ? Non plus... Il faut bien nous résigner à reconnaître en ce monstre une espèce de phrase, une phrase d'ailleurs tout ordinaire, bien que lui manque la triomphale majuscule qui devrait ouvrir le cortège des mots, ce qui lui donne cette allure furtive, vacillante, comme honteuse. Phrase qui n'ose pas dire son nom, mais phrase, donc ?

Car ce truc bâtard est construit comme une phrase, fonctionne comme une phrase, contient des propositions plus ou moins interdépendantes, comme une phrase... Qu'est-ce, alors, si ce n'est pas une phrase ? Du « Canada Dry ». Le point-virgule transforme ce qui aurait pu être une honnête phrase en « Canada Dry ».

Guerre au point-virgule, ce parasite, ce timoré, cet affadisseur, qui ne marque que l'incertitude, le manque d'audace, le flou de la pensée, et colle aux dents du lecteur comme un caramel trop mou !

Et ne venez pas me dire que Balzac faisait grand usage du point-virgule ! A quels sommets n'eût pas accédé Balzac s'il s'était corrigé de ce vilain défaut !

*

Autant j'abhorre le point-virgule, ce parasite timoré, autant je prône les deux points, signe éminemment utile.

Les deux points annoncent quelque chose. Quelque chose d'important. Ils sont une flèche indicatrice, un index tendu vers une certaine direction, celle où l'on trouvera l'explication, la citation ou l'énumération que laisse attendre la partie de la phrase qui les précède immédiatement. Leur dessin éloquent parle à l'œil : les deux points s'ouvrent comme une porte monumentale, à deux battants sur la grande illumination qu'on nous a promise.

Il peut donc s'agir :

a) d'une explication, d'un éclaircissement, d'un développement, d'un complément d'information :

« Je digère mal : j'ai un ulcère. »

« Il est ici : je l'ai vu ce matin. »

« On connaît le coupable : c'est toi. »

b) d'une citation (toujours entre guillemets) :

« Descartes a écrit : “ Je pense, donc je suis. ” »

c) d'une énumération :

« Il y a quatre points cardinaux : le Nord, le Sud, l'Est et l'Ouest. »

Avant les deux points, on élève la voix, comme avant une virgule, et l'on marque un léger temps d'arrêt, afin de souligner l'intérêt de ce qui va suivre.

Les deux points posent un cas de conscience. Ce ne sont pas de « vrais » points : ils n'entraînent pas la majuscule. Pourtant, ce qui commence après eux forme un tout bien rond, grammaticalement complet et tout à fait dégagé, du point de vue syntaxique, de ce qui les précède. Qu'il s'agisse d'une citation enfermée dans ses guillemets, d'une explication qui pourrait fort bien être donnée seule ou d'une énumération en forme d'inventaire qui ne s'articule pas en phrase construite, tout cela est indépendant du contexte d'amont. La logique voudrait la majuscule. Mais la sensibilité la repousse. Les deux points ouvrent sur un espace lumineux où l'on veut entrer de plain-pied... Enfin, moi, je le sens comme ça.

Pensée à méditer : on n'utilise pas assez les deux points.

*

Je veux ici de l'humble virgule chanter l'irremplaçable ardeur.

Avant une virgule, que fait-on? Tous en chœur :

« On élève la voix, on marque une très légère pause, on se prépare à ce qui va suivre. »

C'est peu dire que la virgule met de l'ordre dans la phrase. Elle fait cela, bien sûr, comme le chien de berger met au pas le troupeau, mais elle fait tant d'autres choses! Car si, comme dit l'autre, la ponctuation est la respiration de la phrase, la virgule en est le plus actif agent.

Active et pimpante soubrette, la virgule sépare les individus dans les enfilades des énumérations, qu'ils soient noms, adjectifs, adverbes ou propositions entières avec armes et bagages. Elle empêche qu'ils ne se bousculent, les classe par ordre d'entrée en scène.

Ou bien, devenue le flic du carrefour, elle contient pour un instant le courant puissant de la phrase pour laisser passer un aparté, une apposition, une incise, et puis survient une de ses sœurs qui clôt l'intermède et rétablit le courant dans son sens premier.

Selon le cas désinvolte, piquante, espiègle ou service-service, elle insère, elle suggère, elle tempère, elle insinue, elle ironise, elle grimace, elle ricane, elle cligne de l'œil, elle prend sur elle de remplacer au pied levé un pronom, un majestueux substantif ou même tout un pan de phrase.

Elle souligne les intentions et les émotions, prépare les effets, donne à la phrase sa mélodie, son rythme. C'est par la virgule que le texte devient poésie, musique, élégie, valse hésitation, tango, rumba ou rock'n roll.

Quoi qu'en pensent les ignorants, la virgule n'est jamais arbitraire. Ils disent cela parce qu'ils ne savent plus lire. La virgule a un rôle précis, mais qu'elle peut nuancer presque à l'infini. Elle joue son jeu très finement, permet à qui sait la charmer des nuances d'une subtilité exquise.

Une phrase, cela vit. Cela a des états d'âme, une humeur, un caractère, et un visage pour exprimer tout ça. Cela laisse un goût sur la langue, un parfum à la narine. Cela chante, danse, pleure et tire la langue. La virgule et ses copains de l'équipe de ponctuation sont là pour apporter ce bonheur, tout chaud tout vivant, jusqu'à tes sens. Si tu es sourd et aveugle, si tu as le nez bouché, que veux-tu qu'on y fasse? Au moins n'en dégoûte pas les autres.

La virgule, bonne fille, aime qu'on joue avec elle.

Tiens, je n'irai pas chercher un exemple bien loin, je vais prendre l'avant-dernière phrase du dernier paragraphe. J'avais d'abord écrit :

« Si tu es sourd, aveugle, et si tu as le nez bouché... » Réflexion faite, je suis revenu dessus et j'ai préféré « Si tu es sourd et aveugle, si tu as le nez bouché... » Sens-tu la nuance ? Non ? Ça ne fait rien.

On peut même la supprimer, la virgule, elle ne se vexe pas, elle nous rend encore service :

« Un gros gras grand gris pourceau » (Rabelais).

Oui. C'est une trouvaille. C'est Rabelais, que veux-tu. Cette enfilade sans virgule prend tout son sel parce que sans virgule, justement. Je veux dire, parce que nous savons qu'il y faudrait des virgules, et qu'elles n'y sont pas. Ce n'est pas l'inexistence, c'est l'absence, et il faut bien que la virgule existe quelque part, et qu'elle ne soit pas venue ici où elle aurait eu, en toute bonne règle, à faire, pour que nous savourions pleinement le régal que Rabelais nous offre.

Trop subtil ? Je les coupe en huit ? Ah, bon.

Allons, il est temps de prendre congé du plus discret, du plus fin, du plus dévoué de nos petits amis les signes de ponctuation.

Enfants, chantons, chantons la virgule, nous ne la chanterons jamais assez.

*

J'évoquerai rapidement les parenthèses, les guillemets, les tirets.

Les uns et les autres servent à encadrer des éléments qu'on désire détacher nettement du texte.

Les parenthèses peuvent cerner une précision

qu'on veut donner brièvement, sans avoir à insérer dans la phrase une proposition en apposition :

« Marignan (1515) ouvrit l'Italie à François Ier. »

Elles peuvent aussi servir à introduire une indication qui n'a rien à voir avec le contenu de la phrase :

« J'aimerais (si cela ne vous dérange pas) vous dire deux mots. »

Ce dernier cas est moins innocent. On sent comme une intention d'ironie, de défi, voire de mépris dans cette « mise en prison » de la formule de politesse. Ce qui aurait pu d'ailleurs tout aussi bien – et même mieux – être rendu par des tirets :

« J'aimerais – si cela ne vous dérange pas – vous dire deux mots. »

Le tiret a, en français, une autre fonction, celle d'indiquer, dans un dialogue, le changement d'interlocuteur :

– Tu l'as vu ?
– Oui.
– Comment était-il ?
– Comme d'habitude.

Les Anglais, les Américains et quelques autres n'utilisent pas le tiret pour les dialogues, mais bien les « guillemets anglais » qui sont des apostrophes doublées :

" Tu l'as vu ? "
" Oui. "
" Comment était-il ? "
" Comme d'habitude. "

Ou bien ils ouvrent le dialogue par des guillemets et, dès la seconde réplique, continuent par des tirets.

Cette coutume tend – par snobisme ? – à se répandre en France. Ce serait dommage. Le tiret marque avec décision et vivacité la passation de la parole de l'un à l'autre. Il est très évocateur pour l'œil, il remplit donc mieux son rôle de signal.

Les guillemets encadrent les citations, soit de textes plus ou moins longs, soit de mots isolés. On les fait précéder ou non de deux points. Les guillemets suscitent, parfois bien malgré eux et surtout quand il s'agit de mots isolés, une touche de critique plus ou moins ironique à l'encontre de ce qu'ils enferment. C'est parce que l'habitude s'est prise de coller ainsi « au piquet » les exemples d'erreurs, les énormités qu'on cite pour les mettre à l'index. Et donc les guillemets donnent l'impression qu'on prend les choses avec des pincettes, qu'on les désigne à notre condescendance, à notre moquerie. C'est d'ailleurs devenu un tic de présentateur télé que de dire « entre guillemets ».

*

Parenthèses, tirets et guillemets ont ceci en commun que ce qu'ils contiennent n'a aucun lien grammatical ou syntaxique avec la phrase dans laquelle c'est enchâssé. La phrase s'interrompt, saute par-dessus et reprend à l'autre bout comme si de rien n'était :

« ... aucune galaxie, aucune étoile, aucune planète – et, au bout de la chaîne, aucun être vivant – ne serait jamais apparue dans l'histoire de l'Univers. »

« Apparue » ne s'accorde ici qu'avec chacun des substantifs au singulier « galaxie », « étoile », « planète », tous du genre féminin, sans tenir compte de « être vivant » enfermé dans les tirets.

*

Il est périodiquement question d'introduire un nouveau signe de ponctuation : le point d'ironie.

Faut-il vous dire que je suis contre?

Le point d'ironie, c'est comme les rires pré-enregistrés : ça flanque tout par terre. L'humour doit être imperturbable. C'est justement parce que le cocasse est celé et que le lecteur le découvre tout seul que l'ironie jaillit. L'ironie, l'humour, appelle ça comme tu voudras, est une connivence entre l'auteur et le lecteur, un clin d'œil à peine esquissé, pas un coup de cymbales. Placer un point d'ironie serait afficher en grosses lettres « Ici, il faut rire! ».

Mais il y a ceux qui ne comprennent pas tout seuls, qui ne voient pas le vice! Faut-il donc les abandonner à leur isolement?

Ma foi, oui. De toute façon, si eux rient grâce à la signalisation, c'est nous qui ne rirons plus. Car, en l'expliquant, on aura tué l'humour. Alors, tant pis pour eux. Qu'ils lisent des rigolades à leur portée.

Pendant qu'on y est, pourquoi pas aussi un point de compassion, un point de détresse, un point de mécontentement, un point de mépris, un point d'incompréhension, un point d'accélération, un point de ralentissement, un point de hurlement, un point de murmure, un point de lassitude, un point d'aparté, un point de cantonade, un point de bredouillis...? Si l'on tient absolument à prévenir le lecteur que le personnage a mis de l'ironie dans ses paroles, disons-le : « ..., dit-il non sans ironie » (ou « avec ironie », ou « ironiquement », ou...).

L'ORTHOGRAPHE A LA LANTERNE !

IL paraît que ça y est, ou que ça va y être, c'est en tout cas imminent imminent : la réforme de l'ortograf. Les médias annoncent à grand fracas le livre décisif qui, paraît-il, emporte l'adhésion et balaie toutes les réticences. Il sortira à la fin de ce mois, je ne pourrai donc pas en prendre connaissance avant d'avoir terminé le présent bouquin, que Pierre Belfond, mon éditeur, a programmé de telle sorte qu'il devrait déjà être sous presse à l'heure qu'il est. Tout ce que j'en sais, c'est qu'il s'agit de réforme. C'est quand même l'essentiel.

Vous étonnerai-je si je vous dis que ça ne me plaît guère ?

L'orthographe ? Moi, je la trouve très bien telle qu'elle est. J'ai toujours été bon, vous comprenez. D'ailleurs, il n'y a pas tellement longtemps, tout un chacun était à peu près bon. A douze ans (de mon temps) puis à quatorze, âges successifs du certificat d'études primaires, chaque Français savait écrire correctement sa langue, même s'il butait sur quelques malicieuses vacheries surgies sous le pied çà et là, comme « châtaignier », « silhouette », « chausse-trape » ou « chariot », qui mettaient un peu de piment dans la page d'écriture et faisaient de la plus bucolique des lettres d'amour une aventure aussi semée d'embûches qu'un roman de chevalerie. Ne me parlez pas de « pou », « hibou », « joujou » et de leur « x » au pluriel, non plus que de « festival », « carnaval », « naval » et compagnie, dont justement la bizarrerie même mobilise l'attention et fait qu'on risquera plutôt de coller au pluriel un « x » à « verrou » qu'un « s » à hibou... Car notre esprit est ainsi fait que l'anormal pique notre curiosité et se fixe mieux dans la mémoire. Les verbes irréguliers anglais sont ceux qu'on retient le plus vite, parce qu'irréguliers, justement.

Donc, mis à part les cas tout à fait excusables des mots composés aux pluriels malicieusement imprévisibles (quoique des coquetteries comme « chevau-léger » ou « garde-française » vous aient, à mon goût, une sacrée gueule), à part aussi ces cas logiquement défendables mais bien déroutants pour le pauv'monde où le participe passé conjugué avec l'anodin auxiliaire « être » se conduit, le fourbe, comme s'il l'était avec le vicieux « avoir », à part encore quelques chères vieilles fariboles d'un archaïsme d'autant plus adorable qu'il est absurde, le Français qu'on se plaît à qualifier de moyen écrivait sa langue sans trop la malmener. En tout cas, personne ne trouvait l'orthographe injuste, tyrannique, élitiste, méprisante pour le bon peuple aux mains calleuses. On s'y montrait excellent, moyen ou médiocre, le dictionnaire était là pour un coup, et même si l'on coupait un « m » à « commode », ou si l'on collait un « r » de trop à « intéressant », on n'en faisait pas une maladie. On avait bien d'autres sujets de soucis.

C'est venu d'un coup. Soudain, on s'avisa qu'on avait des chaînes, et qu'elles pesaient lourd. Sur la France martyre s'éleva la haute plainte des bérets basques écrasés sous l'intolérable dictature d'une orthographe décrétée aristocratique et pue-de-lagueule. Je peux même vous dater la chose, les alentours de 1960. C'est au point que je décèle au premier coup d'œil si l'aimable quidam qui m'honore de sa correspondance est né avant 1950 ou plus tard.

De mon temps – eh oui, j'ai atteint les mornes rivages où « de mon temps » vous coule des lèvres comme la bave des commissures – de mon, donc, temps, à la communale, on se tapait une dictée par jour. Jusqu'au certif, tous les matins, la journée commençait par la petite dictée signée « Anatole France », « Pierre Loti », « Louis Pergaud » ou « Alphonse Daudet ». Notée sur vingt, quatre points en bas par faute, un point pour faute d'accent ou de virgule, avec cinq fautes pleines t'avais zéro, paf.

Après le corrigé, questions sur le texte, analyse grammaticale, analyse logique, étude d'un point de grammaire. Chaque matin, recta. Sans parler du reste. Nous n'étions pas pour autant des enfants martyrs, surmenés, accablés, rachitiques, blêmes et prématurément myopes. Nous trimbalions des cartables bourrés qui nous pliaient en deux.

Les effectifs : je n'ai jamais connu de classes de moins de quarante élèves.

Nos joues étaient rouges, nos jambes impatientes, nos genoux couronnés, nous cavalions, rigolions, faisions des blagues et nous bagarrions à coups de cache-nez tortillés, en vrais galopins.

Tout ça a grandi, a pondu, s'est débrouillé dans la vie. Tout ça sait, aujourd'hui encore, écrire proprement, voire élégamment, dans cette langue française si raffinée qui, pour beaucoup d'entre eux, n'était même pas la langue maternelle, puisque à la maison ils baragouinaient exclusivement quelque dialecte rugueux des hautes vallées de l'Apennin de l'Emilie-Romagne.

*

Tout donnerait à penser que, aux alentours de la fatidique année 1960, il s'est passé quelque chose. Si nous examinons avec soin l'historique des faits, il semble bien que la prise de conscience unanime et nationale de la perversité oppressive de l'orthographe française a succédé à un préalable constat d'échec dans le combat contre le monstre. Si vous préférez, les Français, peuple jusque-là primesautier et qui faisait plutôt bon ménage avec son orthographe, ont décidé qu'elle était l'ennemi héréditaire, pis que le Boche honni parce qu'elle les battait à tous les coups au bras-de-fer. Mauvais joueurs, ils se sont mis à exiger purement et simplement la disqualification du vainqueur.

Donc, quand ils réclament à cor et à cri (n'ayons pas peur des bons vieux clichés quand ils font image) une réforme de l'orthographe, réforme qui consisterait essentiellement en la suppression des petites incongruités et menues bizarreries qui, prétendent-ils, choquent leur sens cartésien de la logique, ce qu'ils veulent en réalité c'est éliminer la difficulté. Baisser la barre. Niveler au niveau du cancre. Supprimons les fautes, personne ne fera plus de fautes.

Halte-là, salaud, élitiste, facho! Tu t'es trahi! Tu as dit « cancre ». Il n'y a pas de cancres. Les hommes naissent libres et égaux en droits, en taille, en intelligence, en curiosité, en capacité de s'intéresser... Il n'y a pas de cancres, il n'y a que des enfants en état de difficulté d'intégration caractéro-scolaire due à leur environnement culturo-affectif... Bon, bon. Te fâche pas. Tous naissent également intelligents, d'accord, d'accord, tous également doués pour n'importe quel domaine de l'activité humaine, et tous courront le cent mètres en exactement le même nombre de centièmes de seconde, suffit qu'ils s'entraînent. Les cancres n'existent pas, cependant tout se passe comme si c'était sous l'irrésistible pression des cancres et des parents de cancres qu'elle doive se faire, cette imminente réforme de l'orthographe...

Car elle se fera! C'est un des rares cadeaux gratuits que puisse encore offrir un gouvernement démago à son bon peuple, avec le droit de vote à douze ans et le rétablissement de la peine de mort. Elle se fera après un suffisamment long temps de pétitions, de défilés Nation-Bastille avec banderoles, de bagarres acharnées pour et contre, de débats télévisés et de grèves d'enseignants : il faut amuser le populo et donner du prix aux cadeaux qu'on lui concède.

Elle se fera, cahin-caha, car ce ne pourra être qu'un rapetassage de compromis et de concessions, d'amendements, d'exceptions et de bricolages. Ils rogneront un « m » là où il y en a deux, supprimeront un « i » à châtaignier, retrancheront de la queue du hibou pluriel cet odieux « x » élitiste pour lui coller le « s » réglementaire et démocratique, hésiteront longuement entre « chevals » et « festivaux »... Nous aurons de beaux Dossiers de l'Ecran, bien saignants bien instruisants, avec sondages simultanés et analyse des réponses par tranches d'âge... La France coupée en deux! Comme aux temps de l'Affaire (Qu'est-ce qu'y dit? Quelle affaire?) : d'un côté les vieux cons cramponnés à leurs cuisseaux de veau et à leur cuissots de chevreuil (à moins que ce ne soit le contraire?), de l'autre la multitude des fonétics en baskets, forts de leur supériorité numérique écrasante et de leur jeunesse à l'âme sans faux plis.

Et donc, au bout de ça, tout au bout, nous

l'aurons, la réforme. Et elle sera timide, et elle sera bête, et elle sera lourde...

*

Or, à qui servira-t-elle, cette réforme ?

Pour qui la fait-on ?

On la fait pour des gens qui ne lisent pas, qui liront de moins en moins, qui n'écriront pas davantage. On la fait pour des gens qui ne s'en serviront pas.

C'est en lisant qu'on apprend à écrire. Pas en ânonnant du « par cœur ». En lisant, l'orthographe s'acquiert, par assimilation inconsciente. Pas seulement l'orthographe : tout l'art de convaincre et d'émouvoir en arrangeant des mots, l'art d'être clair, précis, et aussi, pourquoi pas, l'art de faire beau... Pourquoi donc « simplifier » l'orthographe à l'usage de gens qui lisent et écrivent sur un magnétophone ?

Réponse : POUR QU'ILS PUISSENT DÉCROCHER LEUR BAC !

Et voilà ! Nous y sommes. Il se trouve que cette saleté d'orthographe peut vous faire étendre... On pourrait aussi simplifier le théorème de Pythagore ou la formule de l'eau H_2O, hm ? Ah, mais non ! Ça, c'est du sérieux, ça ! Les maths, les sciences physiques, polope ! Mais que le français, ce parent pauvre, nous barre la route, c'est moyenâgeux, tout simplement ! Le français, c'est pour jouer au Scrabble, pour vibrer à « Des chiffres et des lettres », pour participer aux championnats de Pivot. Un truc de sportifs superentraînés, quoi. Dans la vie pratique, dans la course à la réussite, à quoi ça sert ?

*

C'est accorder beaucoup d'honneur à l'orthographe que de lui faire porter tout le poids de la difficulté à s'exprimer en bon français. L'orthographe n'est que de l'anecdote, de la dentelle. Les péchés qu'elle fait commettre sont péchés véniels. Les vrais gros morceaux, ceux qui constituent la charpente du discours, ceux avec qui on ne triche pas, avec qui il n'est pas de réforme qui tienne, se nomment Grammaire et Syntaxe. Laissons de côté le Style, il ne concerne que les élus.

On confond trop souvent orthographe et grammaire. Quand j'étais enfant, pour nous aider à distinguer les manquements à l'une et à l'autre, on désignait par « fautes d'orthographe d'usage » celles qui ne concernaient que le pur trou de mémoire : écrire « marronier » au lieu de « marronnier », par exemple. Les erreurs d'accord ou de conjugaison étaient considérées comme « fautes de grammaire ».

On réforme l'orthographe, admettons. Mais le fameux accord du participe passé conjugué avec « avoir », qu'en fait-on ? (C'est juste un exemple.) Il ne s'agit plus là de fantaisies étymologiques, de doubles « n » abusifs ou de « ph » fossiles, mais bien du mécanisme même de la phrase française ! Or, il se trouve que c'est là une des plus fréquentes occasions de fauter (pour quiconque ne comprend rien à ce qu'il écrit !).

Et la ponctuation ? Est-ce que j'exagère si j'avance que les neuf dixièmes des Français ne savent pas se servir de la virgule ? Ne savent pas, en tout cas, en utiliser avec brio toutes les merveilleuses possibilités, et sont incapables de les apprécier chez qui les utilise ? Voilà une terrible incitatrice à pécher! Va-t-on la supprimer, cette enquiquineuse, cette aristocrate qui se croit quelqu'un alors qu'on ne la remarque même pas, à peine visible qu'elle est, toute recroquevillée au bas de la ligne?

On crie « Haro! » sur l'orthographe, on a tout polarisé sur elle, alors que, les yeux dans les yeux, je vous le confie : les fautes d'orthographe, ce n'est vraiment pas grave. Bien sûr, il vaut mieux n'en point faire, mais juger quelqu'un là-dessus conduirait à de grossières erreurs. Il faut être bien mesquin pour condamner sans appel un garçon qui a écrit « comode » ou « inadvertence » dans une lettre par ailleurs agréablement troussée.

*

Je reçois de la part de lecteurs un courrier bien réconfortant. (Si vous saviez comme on se sent seul, dans ce métier!) Or, ces gens qui m'écrivent écrivent bien. Avec aisance. Fort peu de « fautes ». Souvent élégamment. Parfois avec une verve qui m'enchante. Ce sont, presque tous, ce qu'il est convenu d'appeler des gens de condition modeste, quand on cause comme dans Balzac. Alors? Eh bien, ce sont des lecteurs, justement! De ces gens qui lisent des livres! Ceux-là n'ont pas de problèmes d'orthographe, ni d'écriture en général. Ceux-là sont à l'aise dans l'acte d'écrire.

C'est pour ceux-là que nous écrivons, nous qui écrivons. Avec eux, nous sommes en connivence. Nous vibrons à l'unisson. Nos astuces, nos hardiesses, nos gourmandises de mots, c'est en pensant à eux que nous les ciselons, nous en savourons d'avance le goût sur leurs lèvres... Et voilà que, pour complaire à d'épais cancres qui se soucient bien de lecture, de finesses et d'audaces de plume, vous allez tout raser rasibus, mettre à l'alignement, nous fabriquer une orthographe à angles droits, comme les rues d'une ville américaine, sans rien qui dépasse, sans rien de rigolo, une orthographe morne et prévue comme une ville américaine... Les cancres n'ont pas le goût de l'imprévu, ni celui du pittoresque, ni celui de la fantaisie, ni, surtout, celui de l'humour. Les cancres ont le crâne pointu et regardent les photos dans *Paris-Match.*

Allons, laissons-les jouer sur leur tas de sable, avec leurs motos, avec leur course à la réussite, et qu'ils nous laissent notre langue, notre joujou à nous, de toute façon qu'en ont-ils à faire ? Mais le bac ? Ah, c'est vrai. Eh, le bac, qu'on le leur donne d'office, sans les emmerder avec ces hiboux, ces chariots et ces virgules, les chers petits ! Déjà, à force de baisser la barre, on y est presque. Franchissons la dernière étape. Faisons du baccalauréat un certificat d'assiduité aux cours. C'est papa-maman qui seront contents !

*

« L'orthographe française ? Un raffinement d'aristocrates. Un divertissement pour " élites " compliqué à loisir afin de rebuter le peuple... » L'ai-je entendue, l'ai-je lue, cette thèse ingénieuse, séduisante par sa nouveauté... et pute à faire vomir ! Même Hébert, dans son *Père Duchêne,* qui pourtant versait la démagogie à la louche, n'avait pas pensé à celle-là.

Mais, pour ceux que vous appelez « le peuple », ceux qu'avec un mépris ingénu vous osez appeler « le peuple », la lecture même est devenue affectation d'élitisme et divertissement d'aristocrate. Ils savent à peine lire, ils ne sauront bientôt plus du tout, non parce que l'orthographe trop raffinée les rebute, mais parce qu'ILS N'AIMENT PAS ÇA. Simplifiez, phonétisez, coupez, tranchez, bêtifiez, croyez-vous que vous les amènerez à la lecture-plaisir? A l'écriture inspirée? Allons, vous vous moquez! Encore une fois, vous leur baissez la barre pour qu'ils décrochent de justesse un baccalauréat de pacotille, vous vous mettez à quatre pattes devant le cancre, vous refusez de voir plus loin.

Vous auriez mieux fait, enseignants, de donner aux gosses une solide initiation à la lecture, à l'écriture, à la rédaction, de les amener au plaisir du verbe, au lieu de les lâcher par la ville, un magnéto-cassette au poing, pour leur faire jouer les journalistes et demander au boucher « Heu... C'est quoi, m'sieur, votre travail? » « Initiation à la vie réelle », ça s'appelle, ou quelque pompeuse connerie du même tonneau.

*

Si l'on « phonétise » le français, je suppose que, dans la droite logique de la chose, on phonétisera aussi, et à plus forte raison, les mots immigrés. (A ce propos, comment expliquez-vous que les petits Français, pour qui écrire « nénuphar » est une odieuse corvée et une brimade, écrivent et prononcent sans se tromper « week-end », « flipper », et pas mal d'autres gadgets d'importation?) A l'avenir on écrira donc, je pense : « ouiquènede », « biftec », « fastefoude », « buldozère »?

Ouah, dis, eh, ça, c'est bien des idées de vieux jeton, ça, alors! Ceux-là, on les laissera tels quels, eh, ça fait plus branché. Et puis d'abord, tout le monde les connaît!

Evidemment. Par contre, « scellé » ou « excité »...

ENCORE L'ORTHOGRAPHE

A la rigueur permettrais-je qu'on mette un peu d'ordre dans les mots composés, ces starlettes à caprices dont la coquetterie hurluberlue s'autorise un arbitraire féroce.

Le français accole volontiers des mots parfois simples pour former des noms composés. Un nom composé est en somme toute une histoire résumée en deux mots, parfois trois. Le « garde-barrière » est l'employé chargé de manœuvrer la barrière du passage à niveau. Voilà un trait d'union qui vaut un long discours.

L'allemand colle ensemble à la queue leu leu autant de mots qu'il lui en faut et crée ainsi un mot nouveau, aussi long que les circonstances l'exigent : « Bundesrepublik », « Aktiengesellschaft », « Baumschulenweg »... soit « République fédérale », « Société par actions », « Chemin de l'Ecole d'Arboriculture »... Le français n'est pas l'allemand, il lui faut des traits d'union.

L'homme de la rue, pour autant qu'il prête attention à ce qu'il écrit, abomine les mots composés comme jeux de prince, de prince à l'esprit passablement tordu. Le Français cultivé, tout en affectant parfois, par esprit de modernité et d'ouverture vers les classes moins raffinées, d'en déplorer l'effroyable complexité, s'en délecte secrètement, car lui se flatte de les fréquenter en vieux amis, même si, en fait, il trébuche autant que quiconque à leurs sournoises chausses-trapes.

Il y a déjà la question du trait d'union. En mettre ou pas? Eh bien, « arc-en-ciel » en exige un, « char à bancs » n'en veut pas. Pourquoi? Parce que. Ici, seule la mémoire peut aider. On sait ou on ne sait pas. « Tout à coup » et « Tout à fait » se passent de trait d'union, mais pour « Tout-ou-rien », c'est l'inverse. Peut-être parce que les deux premiers sont des adverbes? Le moins qu'on puisse dire, c'est qu'il ne faut pas se laisser aller à la spontanéité, mais tourner sept fois sa plume dans sa bouche et puis aller se rincer les dents, ça donne le temps de réfléchir.

Le fin du fin (sans trait d'union!) réside dans le passage au pluriel. Oh, la règle est simple, logique, amicale. Nous sommes en France, pays de Descartes. Seulement, il y a les exceptions. Nous sommes en France, pays d'Ubu. La règle dit :

Quand le nom composé est formé d'un substantif et d'un adjectif, ou de deux noms dont l'un est en apposition à l'autre, les deux se mettent au pluriel : « des plates-bandes », « des choux-fleurs ». Les bandes sont plates, les choux sont aussi des fleurs, c'est lumineux.

Quand il est formé de deux noms dont l'un est le complément de l'autre, le premier seul se met au pluriel : « des chefs-d'œuvre », « des arcs-en-ciel », « des timbres-poste ». Déjà plus chinois, mais, bon, ça reste logique.

Encore faut-il savoir discerner l'apposition et le complément. Un « chou-fleur » est un chou qui est aussi une fleur. Un « timbre-poste » est un timbre qui sert pour la poste. Qui démêlera l'interdépendance « apposition » de l'interdépendance « complément »? Bien malin, celui-là.

Quand le composé comprend un verbe et un nom, le verbe reste invariable et le nom ne se met au pluriel que si le sens le permet : « des abat-jour », « des gratte-ciel », des « chauffe-bains », des « tire-bouchons »... Halte-là! Oh, mais ça ne va plus, ça!

En quoi, s'il vous plaît, « tire-bouchons » est-il le pluriel de « tire-bouchon »? Ou « chauffe-bains » celui de « chauffe-bain »?.... Déjà, au singulier, un seul tire-bouchon arrache « des » bouchons. Un seul chauffe-bain chauffe « des » bains. Ces deux utiles instruments devraient donc, dès le singulier, porter un « s » à « bouchons » et à « bains ». N'en pas mettre est une coquetterie de la langue française, laquelle, après tout, a bien le droit de ne considérer que le seul bouchon que peut extraire en une fois le tire-bouchon, que le seul bain que peut chauffer en une fois le chauffe-bain. Mais en multipliant ces bouchons et ces bains par l'adjonction de l'« s » du pluriel, elle n'a nullement multiplié le tire-bouchon ni le chauffe-bain. Elle a seulement accepté de reconnaître que ce tire-bouchon et ce chauffe-bain sont capables d'accomplir plus d'une fois leur noble mission. Elle ne les a pas élevés aux ivresses du pluriel.

On doit écrire des « garde-manger ». On doit écrire des « gardes-malades ». Pourquoi? Oh, dit le manuel, parce que le « garde » de « garde-manger » est un verbe, donc invariable, alors que celui de « garde-malade » est le nom qui désigne la personne, voilà, voilà. Ah, ah. Et qui a décidé cela, s'il vous plaît? Qui garde le plus activement? Qui effectue effectivement l'action de garder? La dame qui passe la nuit au chevet du malade ou la boîte inanimée dans laquelle on enferme la nourriture?

Eh, oui... Il semble bien qu'une pseudo-logique a été introduite ici après coup, avec un chausse-pied (pluriel chausse-pieds, voir plus haut), pour les besoins de la cause. On a bricolé une cohérence de replâtrage pour justifier un état de fait dû au pur hasard qui présida aux vicissitudes du mot au long de l'histoire.

Puisque c'est de la logique qu'on veut, si l'on désire que les noms composés incluant un verbe conjugué prennent la marque du pluriel, c'est sur le verbe qu'il faut agir. « Un brise-glace », « des brisent-glace », car ce n'est pas la glace qui se multiplie, la glace reste toujours la glace, mais bien les engins briseurs, qui figurent ici par le verbe. « Un », puis « des » pouvant être considérés comme les sujets du verbe : « un qui brise la glace », « des qui brisent la glace »... De même devrait-on écrire « un porte-drapeau », « des portent-drapeaux », avec un « x » à « drapeau », ces prestigieux accessoires se multipliant au prorata des porteurs.

Ne nous arrêtons pas en si bon chemin. Il est des noms composés où entrent deux verbes. Par exemple, « laissez-passer ». La règle les décrète invariables. L'usage qu'on en fait les voudrait plus souples. Un laissez-passer suppose un supérieur qui ordonne à tous les subalternes placés sous son autorité de laisser passer quelqu'un ou quelque chose. Ce document est chaque fois examiné par un responsable, et un seul. Ce devrait donc être un « laisse-passer », ou alors ce « laissez » marque la deuxième personne du pluriel, dite « de courtoisie ». C'est bien de la politesse ! Mais, en fait, cet ordre s'adresse à la communauté entière des fonctionnaires chargés de laisser ou de ne pas laisser passer, il devrait donc s'agir d'un « laissons-passer »... Oui, c'était juste pour vous faire voir.

Le verbe doit rester invariable, eh ? Alors, pourquoi « des sauf-conduits » ?

La logique, n'est-ce pas ? Alors, pourquoi « un porte-clefs » (d'accord), mais « un essuie-main » ? Pour ne pas faire de peine aux manchots ? Pourquoi « un attrape-mouche », un « chasse-mouche », mais un « gobe-mouches » ? Se serait-on donné la peine d'inventer des engins perfectionnés dans le dessein d'attraper ou de chasser la mouche s'il n'en existait qu'une au monde[1] ?

Encore vous épargné-je « chevau-léger » et « garde-française », concrétions louches où la confusion des nombres et des genres, pour ne pas dire des sexes, frôle l'hermaphrodisme, mais qui me ravissent par leur incongruité même. « Un garde-française et deux chevau-légers, bras dessus-bras dessous, s'en allaient en goguette... » Ça me donnerait envie d'écrire une historiette qui commencerait comme ça. Et puis je me dis que, bientôt, on écrira « chevolégé », et que mon historiette ne serait comprise que des barbons. Alors, bof...

*

Une des principales sources de désespoir pour les étrangers, et aussi pour les Français pas très doués, est l'existence des homonymes, ces mots qui sonnent à l'oreille de la même façon mais ne signifient pas du tout la même chose. Ils ont en général une orthographe différente, pas toujours cependant.

Une réforme de l'orthographe qui voudrait vrai-

1. On me signale (bénie soit la correctrice !) que « essuie-mains », « attrape-mouches », « chasse-mouches » s'écrivent désormais selon la logique. J'en suis bien content, quoique voilà huit lignes d'indignation perdues !

ment rendre service à l'usager – après tout, c'est l'objectif proclamé, non? – devrait, entre autres, supprimer ces ambiguïtés fâcheuses.

Prenons l'exemple, tellement typique, du son « so ». Ce monosyllabe clair et sonore, efficace assemblage d'une sifflante bien aigre et d'une voyelle toute ronde, s'applique à : « seau », « sceau », « saut », « sot » et peut-être à d'autres que j'oublie. Tous ces mots viennent du latin, certes, mais de racines différentes et nettement tranchées. En italien, frère quasi jumeau du français, les mêmes racines latines ont donné des mots actuels que l'oreille ne peut absolument pas confondre. « Secchio », « sigillo », « salto », « stolto », qui se traduisent, dans l'ordre, par « seau », « sceau », « saut » et « sot », ne sont nullement homonymes.

Même remarque pour « pain », « pin » et « peint », qui font en italien « pane », « pino » et « dipinto », également pour « vin », « vain », « vingt », et « vint », qui font « vino », « vano », « venti » et « venne ».

N'insistons pas sur le cas du « mousse » de l'équipage et de la « mousse » de la bière, leur genre suffit à les distinguer, mais que penser de « lâche », l'adjectif, et de « lâche », du verbe « lâcher »?... Et de « tâche », que seul un circonflexe vigilant mais bien menu sépare de « tache »? D'autant que je constate une fâcheuse mais hélas irrésistiblement conquérante tendance à imprimer « tâche » pour « tache », ce qui dénote, en même temps qu'une attirance vers le plus compliqué, une perte pathologique de l'appréciation de la différence sonore entre « a » et « à ». Les Français deviendraient-ils sourds?

Une chose est de simplifier l'écriture des mots sans en changer le sens, une autre de porter remède aux pernicieuses assonances à multiples emplois. Les latinistes enragés du treizième siècle et du seizième auraient bien plutôt dû appliquer leur zèle archaïsant à ces aspects vraiment gênants de l'évolution anarchique de la langue.

*

Un autre cas embarrassant est celui de « tout ». « Tout », vous le savez ou êtes censé le savoir, peut être, selon le cas, adjectif ou adverbe. S'il est adjectif, il s'accorde. S'il est adverbe, il ne s'accorde pas. Quand je dis « J'ai mangé tout le boudin », « tout » est ici adjectif. Bien. Au pluriel, nous aurions par conséquent « J'ai mangé tous les boudins. » Nous pouvons ajouter, s'il y a lieu « ... et toutes les pommes de terre ». Par contre, si je dis « Ces femmes sont tout heureuses », « tout » est adverbe et reste invariable. Parfait.

Mais comment reconnaître à coup sûr si l'on a affaire à un « tout » adjectif ou à un « tout » adverbe ? Eh bien, il y a un truc, qu'on m'a appris quand j'étais petit. Ce truc est comme je vais vous dire, pour le cas où vous ne le connaîtriez pas. On essaie de remplacer le « tout » suspect par un adverbe qui signifie la même chose mais qui possède une physionomie d'adverbe absolument indubitable, reconnaissable à vingt pas comme une enseigne de bureau de tabac. Par exemple : « entièrement ». Un adverbe en « ment », ça, c'est de l'adverbe ! Essayons. « Ces femmes sont entièrement heureuses. » Ça marche ! Ce n'est pas joli joli, mais ça marche. Pas de doute, notre « tout » était bien un adverbe, avec les conséquences grammaticales que cet enviable état comporte. Nous sommes bien contents.

Pardon ? Oui, vous, là, au fond... Vous avez

essayé avec « tout le boudin »? Très bien. Là, « tout » est adjectif, aucun problème. Comment? Ça donne « J'ai mangé entièrement le boudin »...? Tiens, donc... Et ça fonctionne aussi avec les pommes de terre? « J'ai mangé entièrement les pommes de terre »... C'est pourtant vrai. Je ne sais plus que dire, moi.

Et nous n'avons pas encore abordé toutes les subtilités de l'usage de « tout »! Car « tout » adverbe peut malgré tout s'accorder, par faveur exceptionnelle et euphonique, comme dans « Une fillette toute surprise », ou « Des demoiselles toutes dévouées »...

Je n'en suis que plus convaincu que, si réforme de l'orthographe il doit y avoir un jour, une des tâches les plus urgentes des réformateurs sera la suppression autoritaire et radicale de « tout » adverbe sous peine des sanctions les plus graves. On le remplacera avec avantage par « entièrement », « complètement », ou, si l'on tient absolument à ne pas rompre le fil étymologique, par « toutement », qui a peut-être une sale gueule mais ne prête pas à équivoque.

*

J'aimerais savoir ce que les réformateurs ont l'intention de faire pour les presque homonymes, qui sont l'occasion de tant d'éclats de rire moqueurs dans les salons, cocktails et vernissages. Qui n'a jamais rougi de honte pour avoir confondu « conjecture » et « conjoncture », « suggestion » et « sujétion »? On cite des cas de jeunes gens pleins d'avenir qui ont couru noyer leur honte dans une eau glaciale et homicide.

*

Mais, j'y pense : s'ils réforment l'orthographe, il faudra réimprimer tous les classiques ! Et même tous les textes importants (qui décidera de leur importance ?) parus avant la réforme ! Car les chers petits qui auront été élevés dans la nouvelle mode seront devant ces antiquités aussi perdus qu'un vendeur de Cocotte-minute d'aujourd'hui devant la *Chanson de Roland* en version originale...

Je suppose alors qu'il sera enseigné une orthographe à deux vitesses, dont une sera réservée à l'élève qui poursuivra ses études universitaires au-delà de la licence ès lettres. Pour la masse, les œuvres de Molière, de Hugo, de Balzac, de Dumas, de Proust... ou de Cavanna ne seront accessibles que dans la mesure où un éditeur estimera leur réimpression selon les normes nouvelles d'une rentabilité prospective justifiant la mise en chantier. (Et en avant les subventions !)

Ne voyez-vous pas derrière cette héroïque croisade se profiler une grasse, grosse, grise, juteuse combine d'éditeurs, d'imprimeurs, de marchands de papier et de tout ce qui gravite autour du livre ? Ne les voyez-vous pas, les rusés compères, se frotter les mains et, d'avance, se partager le « marché du siècle » ?

Non que je prête aux enseignants harassés et désireux de bien faire qui promeuvent cette réforme des intentions aussi tortueuses que mercantiles. Mais, qu'ils y aient pensé ou non, les conséquences seront telles.

*

On peut supposer que, au début tout au moins, la nouvelle façon d'écrire sera facultative, quoique recommandée. Chacun pourra s'exprimer à volonté suivant l'ancienne mode ou la réformée. Mais, les jeunes couches n'aimant guère se casser la tête à décrypter des hiéroglyphes (des « iéroglifs ») et les vieilles barbes ne trouvant aucun attrait à faire violence à leurs chères habitudes, le redoutable fossé des générations se creusera à vitesse accélérée et béera vertigineusement.

Et, dites voir, si, la réforme acquise et mise en place avec tout le tintouin que cela suppose, s'ils allaient, les bons petits cancres, nous faire autant de fautes qu'auparavant? Vous pouvez décider que, dorénavant, « bouillon » s'écrit « bouyon », ils peuvent encore l'écrire « bouion »! Ou alors, vous décidez que les deux versions sont licites? Vous décidez que tout est permis pourvu qu'on se fasse comprendre? Dans ce cas, pas besoin de réforme longuement concoctée, de listes et de règles. Etablissons le règne du phonétique absolu, interprété selon l'oreille et la fantaisie de l'usager. « Un homme gentil » pourra aussi bien devenir « Un ome jenti » qu'« In nomm janti ».

Les Italiens et les Russes ont procédé, en leur temps, à la réforme de leurs orthographes respectives. La langue italienne aussi bien que la russe ont, j'aurai l'occasion d'y revenir, le privilège d'un alphabet presque parfait, au point qu'avec un peu d'oreille on peut mettre par écrit sans grand risque d'erreur un mot qu'on entend pour la première fois. Cela était déjà vrai avant la réforme. Ils se sont contentés d'éliminer quelques lettres à double emploi, reliques obsolètes d'époques où l'on tenait à marquer la continuité étymologique alors que la nuance de prononciation avait disparu, ou traditions liées à la liturgie, ou encore, dans le cas de l'italien, signes étrangers (surtout grecs) estimés superflus, le son étant déjà rendu par une lettre de l'alphabet indigène. C'est ainsi que l'italien a supprimé le « y », puisqu'on le prononce « i », et aussi le « k », l'« x », le « w », le « ph », le « q », puisque ces signes, ou bien doublent une lettre déjà présente, ou bien rendent des sons étrangers à l'italien... A été supprimé également le « h » dit « aspiré », l'appareil vocal italien s'y refusant absolument. Le « h » muet a toutefois été conservé à titre de signal pour éviter certaines confusions, par exemple dans la conjugaison du verbe « avoir ». Cette réforme, purement alphabétique, n'est toutefois pas allée jusqu'à créer des signes nouveaux, qui auraient été pourtant bien utiles, par exemple pour le son « k », exprimé par « c » devant « a », « o », « u », mais nécessitant l'adjonction d'un « h » devant « i » et « e » : « carne », mais « che ». De même, le « g » dit « dur » veut l'aide d'un « h » devant les mêmes voyelles. Le son qu'en français nous rendons par « ch » exige deux lettres : « sc », et même parfois trois : « sci ».

*

Le français ne peut faire sa réforme à si bon compte. La complexité actuelle de notre orthographe résulte de facteurs innombrables, enchevêtrés à plaisir.

En premier lieu, l'alphabet, cet alphabet fait pour le latin, absolument inadapté pour une langue qui s'en est terriblement éloignée, surtout par adjonction de sons nouveaux (on m'excusera de ne pas dire « phonèmes », je me trouve bien assez pédant comme ça).

Et puis, ces sons français, variés presque à l'infini, n'ont pas la franche et rustique clarté des sons italiens, espagnols ou slaves. Ce ne sont pas de ces couleurs éclatantes, de ces contrastes pleins de soleil... Nous faisons plutôt dans le pastel, nous autres, dans la transition nuancée, dans le dégradé gorge-de-pigeon... Pensez seulement à la palette délicate des « in », « un », « ain », « ein » qu'un Français attentif sait très bien faire sentir en parlant, et dont un lecteur, même distrait, ressent parfaitement, de par la graphie même, la subtile différence.

La grammaire du français, c'est-à-dire la mécanique même du discours, est souvent imperceptible à l'oreille, et alors c'est l'écriture seule qui la porte à bout de bras. La marque du pluriel, ce « s » (ou ce « x » tant décrié!), ne s'entend pas. Les conjugaisons se confondent souvent à l'oreille, mais pas sur le papier. Que vont faire nos réformateurs de ce « ent » du pluriel de la troisième personne, occasion de plus de fautes que tous les joujoux et les caparaçons...? L'orthographe? Mais elle marque nettement la différence entre « mangerai » (futur) et « mangerais » (conditionnel). Cela préserve-t-il nos cancres adultes (cinquante pour cent de la population) de commettre la confusion? Or, cela, ces faits de grammaire, vous ne pouvez pas les inclure dans votre entreprise d'arasement. Ou alors, comptez-vous donc les rendre sensibles à l'oreille? Sonoriser les finales des pluriels et des conjugaisons? Rendre bavards les « e » muets? Sinon, votre réforme aura raté son but, qui est, crois-je avoir compris, de faire disparaître les occasions d'erreurs à l'intention de petits gars pas très futés, pas très portés sur l'effort et, bien sûr, surmenés jusqu'à l'exténuation par d'autres études tellement plus utiles.

*

Je vais me faire traiter de passéiste, ce qui est la façon polie de dire « vieux con », et même, implicitement, « vieux con de droite ». Car on ne fera pas dans le détail. Tu es contre la généreuse, égalisatrice et progressiste réforme de l'orthographe, donc tu es aussi pour la peine de mort, pour l'école des curés, pour la reconduction des immigrés basanés à la frontière à coups de pied dans le cul, pour les vigilantes milices de citoyens armés, pour l'église intégriste, pour la femme aux casseroles, contre l'avortement, la pilule et l'accouchement dans la joie, pour l'accroissement du budget de l'armée et, vu ton âge, tu cultives la nostalgie des bons vieux temps vert-de-gris devant un portrait du Maréchal.

La réforme, c'est le Progrès. Qu'est-ce que le Progrès ? Ce qui est nouveau. Quel est le contraire de « progrès » ? Réponse : « ringard ». Surtout, surtout, ne pas être ringard !

La réforme est dans le vent. Les médias vont donner à fond la caisse. Comme, bien obligée, la gauche se rangera derrière les enseignants, c'est-à-dire du côté de la réforme (Oh, la toute-puissante F.E.N. !), la droite, classique ou aventuriste, *Figaro* en tête, militera contre. Pas de place pour les francs-tireurs.

C'EST LA FAUTE
A L'ALPHABET

UNE vraie véritable méthodique réforme de l'orthographe commencerait par la réforme de l'alphabet. Tout le reste ne saurait être que ravaudage.

Notre mode d'écriture – ce n'est pas celui des Chinois, ni celui des Japonais – est fondé sur la transcription en signes graphiques des sons du langage parlé. Ce qui, je vous le signale en passant, entraîne de la part de l'homme écrivant une double traduction : d'abord celle de l'idée, du concept, en sons signifiants (langage parlé), puis celle de ces sons en signes écrits. Ce travail à deux niveaux s'effectue à toute vitesse dans les zones du cerveau vouées à cet usage, exercice intensif qui contribue à maintenir cet actif organe dans un état de légère congestion et donc d'excitation optimale où la pensée se trouve en quelque sorte surmultipliée, en même temps que le ralentissement nécessité par l'opération manuelle de la mise en phrases tracées à la plume ou tapées à la machine lui donne, au cerveau, le temps d'ordonner tout cela au mieux, d'éliminer le superflu, bref, de faire en sorte que l'expression écrite ait une efficacité maximale, voire une certaine élégance. C'est pourquoi on ne pense bien que la plume à la main.

Le même travail de décryptage à deux niveaux

est effectué en sens inverse par l'individu lisant. Cependant, le lecteur, tout au moins le lecteur entraîné, peut faire l'économie du niveau sonore, car, à la longue, un arc réflexe court s'est établi, reliant directement le graphisme, l'aspect global du mot écrit ou imprimé, au concept : on lit « cheval », on voit le cheval, immédiatement, avant que la voix intérieure n'ait eu le temps de prononcer « cheval ». C'est au point que l'aspect graphique si familier du mot, avec les deux clochers du « h » et du « l », devient plus « cheval » que l'animal lui-même...

*

Notre mode d'écriture étant, donc, une notation phonétique, il repose sur un *alphabet,* répertoire de tous les signes écrits nécessaires et suffisants pour transcrire les différents sons de la langue dans la variété de leurs combinaisons.

L'alphabet idéal, bien sûr, serait celui qui répondrait point par point à cette double exigence :

Que chaque son parlé de la langue s'exprime par un signe écrit, et un seul.

Qu'à chaque signe écrit corresponde un son parlé, et un seul.

Autant vous le dire tout de suite, je ne crois pas qu'il existe dans le monde un alphabet offrant cette perfection, tout au moins en ce qui concerne les langues « naturelles ». Pour l'esperanto et le volapük, je ne sais pas.

Quelques langues écrites se tiennent assez proches de l'idéal : l'italien, l'espagnol, le russe... D'autres en sont bien éloignées : le hongrois, le polonais, l'anglais... le français. Pourquoi ? Voyons voir.

Remontons dans le temps. Remontons jusqu'au

moment précis où un homme de génie se dit « Je vais transcrire le son " A " par tel signe, le son " O " par tel autre... » et ainsi de suite. Ce précurseur doué d'une oreille subtile et de doigts agiles recense ainsi très scrupuleusement la totalité des sons articulés que lui et ses copains emploient quotidiennement dans les multiples aspects de la vie en société : pour mettre au point la tactique de la capture de l'aurochs nourrissant mais brutal, pour enseigner à l'apprenti distrait la façon correcte de tailler le silex sans se taper sur les doigts, pour comparer la somptuosité des apanages sexuels des jeunes filles à marier de la tribu... Bien.

En supposant qu'un tel homme de génie ait existé, nous pouvons tout de suite formuler une remarque : étant le premier, il travaillait sur du matériau vierge. Le problème se présentait à lui dans une simplicité bien sympathique. Il tendait l'oreille, il entendait « A », il traçait quelque chose qui, dorénavant, signifierait « A ». Quiconque verrait ce signe ouvrirait aussitôt bien grand la bouche et émettrait un beau son « A », ample et majestueux. Une bonne chose de faire... Maintenant, il entendait « PAPA ». Qu'à cela ne tienne : il faisait précéder chacun de ses « A » d'un dessin élégant qui transcrirait à tout jamais pour les foules charmées ce petit bruit explosif et si chargé d'expression... Ce gars était doué, d'accord, mais reconnaissons qu'il jouait sur le velours.

*

Un des tout premiers alphabets phonétiques connus, peut-être même le premier de tous, celui en tout cas d'où sont sortis en quasi-totalité les alphabets occidentaux, est l'alphabet phénicien. Si vraiment il fut créé à partir de rien – ce que d'aucuns mettent en doute, mais enfin si ce ne fut lui c'en fut un autre, il faut bien qu'au bout du bout il y ait eu un alphabet comme ça – si, donc, il fut créé à partir de rien, je me plais à imaginer que le phénicien ancien – langue qu'à mon grand regret j'ignore – correspondait de façon idéale à son écriture, unité sonore pour unité écrite, à la perfection. (Ne venez pas me dire que le phénicien, comme les autres langues sémitiques, ne transcrivait que les consonnes, je le savais, qu'est-ce que vous croyez, mais c'est déjà bien assez compliqué comme ça, vous ne trouvez pas?)

Prenons maintenant un cas moins simple, quoique plus familier pour nous autres, le cas du français. Tout de suite, une incongruité nous agresse : le français eut un alphabet avant même d'exister! Ça, alors! Longtemps avant. Ah; ah... Comment une telle absurdité serait-elle possible? Nos ancêtres les Gaulois auraient-ils donc su écrire avant que de savoir parler?

Laissons nos ancêtres les Gaulois là où ils sont. Ils parlaient des idiomes celtiques et, s'ils les écrivaient, c'est leur affaire, pas la nôtre, puisque, nous, c'est du français que nous nous occupons. Le français n'est pas sorti du gaulois, c'est dur à encaisser pour un vrai patriote, pourtant c'est comme ça, il faut nous y faire.

Le français vient du latin, et même du bas-latin, du très fruste et très grossier parler des légionnaires, qui pour la plupart étaient des mercenaires ou des fédérés, c'est-à-dire des péquenots des confins de l'Empire, tous plus ou moins germaniques, grecs, moldovalaques ou même mongoloïdes, engagés pour la gamelle, baragouinant un épouvantable latin petit-nègre, et derrière eux grouillait une cohue de gargotiers, d'esclaves, de petits fonctionnaires rapaces, de pillards, de fourgues, de putes avec leurs macs, bref, de toute la racaille qui, en ces temps rustiques, traînait au cul des armées. La conquête achevée, l'Empereur octroyait à chaque vétéran un lopin à faire fructifier, prélevé sur l'autochtone, cela va de soi, en toute logique colonisatrice.

Toujours suivant la même logique, la langue des colonisateurs devint la langue officielle et obligatoire des colonisés. Le latin répandu par les braves soudards, déjà bâtard et argotique, forcé maintenant de passer par des gosiers celtiques, y laissa des plumes, en acquit d'autres, devint au long des siècles de moins en moins latin, de plus en plus autre chose, et quand cet autre chose fut devenu tout à fait incompréhensible pour qui parlait la pure langue cicéronienne, on lui donna un nom, on l'appela « langue vulgaire » ou « français ». Ce n'était d'ailleurs pas un compliment qu'on lui faisait.

Or, le latin s'écrivait. Il avait même, au long de siècles glorieux, produit une littérature où brillaient d'un vif éclat ce que les connaisseurs se plaisent à appeler de purs chefs-d'œuvre. Il possédait donc un alphabet. Alphabet qu'il avait, comme tout le monde, hérité des Phéniciens en passant par les Grecs, les Etrusques et quelques menues peuplades italiques. Bon. Un alphabet.

On ne sait toujours pas avec certitude comment les Romains de l'Antiquité prononçaient le latin. On peut néanmoins supposer que leur alphabet collait ric et rac à leur phonie, tout au moins sans trop d'exceptions. Ce qui tendrait à le prouver, c'est que, lorsque la culture grecque fut devenue à la mode chez eux, au lieu de bricoler avec ce qu'ils avaient sous la main, ils préférèrent introduire dans leur alphabet quelques caractères exotiques empruntés à l'alphabet grec afin de rendre certains sons spécifiques au parler grec qui n'existaient pas en latin.

Donc la Gaule colonisée dut parler latin, écrire latin. Le latin s'altéra, s'altéra, devint le français. L'alphabet, imperturbable, resta latin.

Et voilà comment une langue nouvelle s'écrivit – s'écrit – avec un alphabet antique, un alphabet bouffé aux mites qui n'est pas fait pour elle.

*

Le français connaît des sons qu'ignorait le latin (ch, u, eu, on, an, in, ouin...). Ces sons, on les exprime tant bien que mal au moyen des signes de l'alphabet latin. Le français n'est évidemment pas seul dans ce cas. Toutes les langues indigènes qui, de gré ou de force, ont adopté l'alphabet latin, c'est-à-dire, en gros, celles des peuples inclus dans les territoires de l'Empire romain d'Occident, puis celles des peuples qui furent évangélisés par des religieux d'obédience catholique romaine, ont dû se bricoler des ajustements de fortune qui font souvent très rapiéçage.

Certaines de ces langues s'en accommodèrent sans trop de mal, comme l'italien, qui se forma en quelque sorte sur place, par auto-évolution du latin, avec le minimum d'influences étrangères. Son développement alla plus souvent dans le sens d'une simplification que d'une complication, et donc il se trouva fort à l'aise dans les vingt-deux caractères de l'alphabet latin.

Un petit jeu amusant consiste à comparer les multiples solutions qu'ont choisies les différentes langues de l'Europe pour exprimer par écrit le son que nous transcrivons en français par « ch », comme dans « chat », son qui, n'existant pas en latin, n'a pas de signe spécifique dans nos alphabets. Les Anglais l'écrivent « sh », les Italiens « sc » (« sci » devant un « a », un « o » ou un « u » : « Sciascia » se prononce « Chacha »), les Polonais « sz ». Les Allemands n'ont pas pu s'en sortir à moins de trois lettres : « sch ».

Les Russes, eux, ont eu la chance de devoir leur alphabet à un véritable novateur, le fameux moine byzantin Cyrille. Cyrille voulait christianiser les masses slaves et, pour cela, traduire l'Evangile en leur jargon. Les langues slaves ne s'écrivaient pas encore. Cyrille écouta avec grande attention, dressa un tableau des sons qu'il entendait, puis attribua à chaque son un signe. Comme il était de langue maternelle grecque, il employa tout naturellement les caractères de l'alphabet grec pour transcrire les sons qui étaient à peu près communs aux deux langues. Pour les autres sons, il puisa dans l'alphabet hébreu. Il restait encore des sons, qui n'appartenaient qu'aux Slaves et ne ressemblaient à rien de connu. Pour ceux-là, Cyrille inventa des signes originaux. Et voilà pourquoi les Russes ont un alphabet parfaitement adapté à leur langue et une orthographe pratiquement phonétique. L'alphabet dit « cyrillique » nous paraît compliqué à cause de ces signes bizarres qui se mêlent à des lettres ressemblant plus ou moins aux nôtres. En fait, il est la simplicité et l'efficacité mêmes. Si le français avait adopté des signes spéciaux pour « u », « an », « on », « in », « eu », « ch »... nous aurions nous aussi une écriture d'allure exotique, mais une orthographe beaucoup moins problématique.

*

Chaque peuple a sa façon à soi, façon unique, d'émettre des sons articulés. Même les sons « universels », ceux que l'on retrouve dans à peu près toutes les langues du globe et que l'on transcrit par les mêmes signes, comme le « A », le « O », ne sont en fait nulle part prononcés de la même façon. Un « A » italien n'est pas un « A » français. Un « A » italien se lance à bouche largement ouverte, toute la boîte crânienne fait coffre de résonance. On pourrait dire que c'est là le « A » parfait, le prototype même du « A ». Le « A » français sort d'un orifice plus réticent, il est par conséquent moins éclatant, moins sonore, bref, moins « A ». Il glisse vers une voyelle plus sourde et moins typée, quelque chose comme un « eu », un « è » très ouvert... Quand un Français prononce « alors », un Italien a tendance à entendre « euleu' ». Pour son oreille, ce « A » et ce « O » ne sont pas tout à fait un « A » ou un « O », mais des sons assez peu nets, qui ont tendance à se confondre. Les voyelles anglaises sont encore plus atténuées, au point que, pour nous, il semble que l'anglais ne connaît qu'une voyelle unique, une chose assez grisâtre...

L'idéal serait-il donc que chaque langue possède son propre alphabet, formé de signes entièrement originaux ? Cela faciliterait en tout cas l'apprentissage de la prononciation correcte. Si le « A » anglais s'écrivait différemment du « A » français, il me semble que le dépaysement sauterait à l'esprit en même temps qu'aux yeux et que le réflexe de la prononciation différente s'acquerrait très vite. L'alphabet cyrillique, après quelques jours d'initiation, facilite l'étude du russe, aide puissamment à se faire une oreille russe, un appareil vocal russe, une âme russe.

Ne rêvons pas. On verra plus tôt les Chinois adopter l'alphabet latin que les Français introduire dans leur écriture des signes inédits et spécialement conçus pour exprimer « un », « in », « on », « an », « en », « u », « eu », « ch », « ill ». La réforme de l'orthographe réclamée à cor et à cri portera sur des points mineurs, et donc ne résoudra rien.

On peut aussi imaginer un Etat qui déciderait d'adopter la notation phonétique internationale. Vous savez, ce sont ces bizarres petits tortillons qu'on trouve dans certains dictionnaires, tout de suite après le mot défini. Peut-être un jour... ?

*

Juste pour avoir une idée, voici un petit répertoire, non exhaustif, de quelques-unes des façons si diverses qu'a le français pour écrire le même son :

Son « k » : k dans « képi », c dans « café », q dans « coq », qu dans « quoi », ch dans « chorée », ck dans « bifteck », cq dans « grecque ».

Son « s » : s dans « sou », ss dans « assassin », c dans « lacer », ç dans « leçon », x dans « dix », t dans « diction ».

Son « f » : f dans « façon », ff dans « affamé », ph dans « éphémère ».

Son « o » : o dans « loto », ô dans « hôte », os dans « des os », au dans « maraud », eau dans « poteau »...

Juste une idée, ai-je dit. Si vous voulez la liste complète, elle figure dans maints ouvrages plus savants que celui-ci. On peut déjà se poser quelques questions. Pourquoi « q » est-il toujours suivi de ce « u » qui ne lui ajoute rien? Fossile des temps romains où ce « u » se prononçait effectivement (« ou ») et, placé derrière « q », donnait un son « kou » (qu'on retrouve en italien) mais qui n'a plus guère à faire chez nous? On se demande bien pourquoi on prononce « quoi » (« koua ») alors qu'on prononce « qui » (« ki ») et « quand » (« kan »)... Mystères et caprices de l'évolution. Ce son « k », si simple, si utilisé, n'est rendu qu'avec bien des simagrées par nos lettres latines, que ce soit « c » qui devient un son « s » devant « i » et « e », que ce soit « q » qui, comme nous venons de le voir, n'est guère franc du collier. Seule la lettre « k » remplit parfaitement son rôle en toute circonstance, or elle ne figure que dans des mots d'origine exotique.

Nous avons vu que le français est obligé, pour traduire le son « ch », d'y employer deux signes qui n'ont rien à voir avec ce son chuintant, mais la même carence se retrouve avec la semi-consonne mouillante que nous rendons tant bien que mal, tantôt par « ill » comme dans « mantille », tantôt par « il » comme dans « soleil », tantôt par « y » comme dans « payer », tantôt par « i » comme dans « déviation ».

Evoquons brièvement les lettres fossiles, pieux reliquats étymologiques, tels : le « p » de « sculpteur », le « h » de « python », le « s » de « chevesne », le « l » de « fusil », « outil »... Et ces accents circonflexes, coquins petits chapeaux posés comme des ex-voto au-dessus d'une lettre pour conserver le souvenir d'une compagne disparue : « carême », « mêler », « tâche », « impôt »...

Je n'énumère pas ces inconséquences pour vous faire peur mais tout au contraire pour vous faire partager ma jubilation. Je ne sais pas si c'est pour ces coquetteries que j'aime le français, j'ai bien d'autres raisons de l'aimer, mais il me semble que je l'aimerais moins sans elles, et je sais avec certitude que je souffrirai beaucoup si, maintenant que j'y ai pris goût, on me les supprime. Pardon? On n'a que faire des petits compliqués, des esthètes, des petits marquis ci-devant pleurant leurs perruques poudrées? On veut de l'efficacité et on veut ne pas être recalé au bac à cause de cette saloperie d'orthographe... Evidemment. Vu de ce point de vue...

*

Et le « e » muet? Tu parles d'une réforme s'ils ne suppriment pas les « e » muets! La rose deviendra donc la « roz », friponne deviendra « fripon ». (On aura supprimé en premier lieu les doubles consonnes, ces pièges à cancres.)

SOMMES-NOUS TOUS DES ONCLES TOM ?

Le français se meurt ! Le français est mort ! Le franglais l'a tué.

Voilà. On connaît l'assassin. Haro sur lui ! Et, puisqu'on le connaît, unissons nos efforts pour arrêter son bras scélérat ! Peut-être le cadavre a-t-il encore un soupçon de souffle ? Expulsons la cause mortifère, il reviendra à la vie et reprendra ses riantes couleurs, c'est tout simple.

Et donc puristes de tonner, académies de s'émouvoir, ministres de concocter des listes de mots bien de chez nous pour remplacer les exotiques honnis, enseignants de sévir... L'épuration salvatrice est en route.

... Or, comme si de rien ! Les insolents « Fast-Food » flamboient comme jamais en tubes écarlates sur les façades à cariatides de nos vénérables cités, les Drugstore et les Body Building dégoulinent de leurs néons mauves du haut en bas de nos toutes neuves verticalités verre-acier... Les managers réunissent leurs brainstormings et les chefs de service leurs teams pour le briefing matinal afin d'étudier un projet de mailing vraiment performant pour le marketing d'un nouveau gadget... Provisoirement échappés du bagne, les damnés de la terre mettent au point un timing pointu pour profiter de leur week-end avec un max de fun, du moins ceux qui ont la chance d'avoir un job. Ils iront faire quelques tees sur le green... Bon. Ça va comme ça. C'est trop facile et ça a été fait mille fois. La liste des anglicismes, ou plutôt des américanismes, enfin, bref, des contaminations anglo-saxonnes, est un vieux numéro de sketch pour chansonnier has been s'accrochant au one-man show... Je ne vais pas vous l'infliger.

Ce n'est pas d'aujourd'hui, ni même d'hier, qu'est dénoncée la contamination du français par le vocabulaire anglo-saxon. La chose a commencé pour de bon au début du dix-neuvième siècle, au lendemain même de Waterloo. Après la terrible déculottée, les Français redevenus royalistes se mirent à admirer leurs vainqueurs promus libérateurs, à en singer éperdument les manières, les vêtements, la langue... Surtout, cela va de soi, dans les classes qui se veulent traditionnellement à l'avant-garde : étudiants, artistes, jeunes aristocrates oisifs. Ces précurseurs des snobs s'intitulaient avec morgue « dandies ».

L'Angleterre victorieuse dictait sa loi au monde et réarrangeait l'Europe à sa façon, son industrie colossale exportait ses produits et le prestige de ses techniciens, elle fut alors le fer de lance de la Civilisation et du Progrès. La démocratie à l'anglaise devint l'idéal des partis libéraux avancés. Ce n'était plus la façon de s'habiller venue de France que l'on copiait. Le pantalon tuyau-de-poêle et la sinistre redingote anglaise se virent décrétés seul vêtement convenable pour l'individu civilisé, et le sont restés : depuis près de deux siècles, le costume masculin « correct » n'a pas changé, se permettant à peine, pour marquer la mode, quelques infimes variations de détail autour de l'immuable thème tuyau-de-poêle. Complet-veston trois-pièces pour la ville, smoking-dracula pour le soir, il n'y manque que le chapeau haut de forme, désormais réservé aux danseurs de claquettes américains.

Vêtements anglais, arrogance anglaise, pudibonderie anglaise et, bien sûr, parler anglais, on imita à corps perdu. Les estaminets devinrent des bars où des gentlemen fashionable en mac-intosh consommaient du brandy, des mint-julep et des whiskey-soda. Le bluff, le cant et le shocking nourrirent les conversations, cependant que les chemins de fer, invention britannique, roulaient à toute vapeur à la conquête du continent, véhiculant leur terminologie spécialisée : rail, wagon, boggie, tender... Le français, il faut croire, avait encore, à cette époque, un certain pouvoir de résistance, puisque « railway » n'a pas pu s'imposer face à « chemin de fer », que « voie » n'est pas devenu « way »... et que « station » est resté « gare », malgré toute la séduction de ce vieux mot français jadis naturalisé british et rentré au bercail poussé par la vapeur des locomotives.

Vers le début du vingtième siècle, l'engouement pour la vieille Angleterre passa peu à peu à son ingrate fille, l'Amérique du Nord. Le fer de lance du progrès se trouvait désormais là-bas, de l'autre côté de l'Océan. Les mots qu'on imitait étaient certes toujours anglo-saxons, mais l'accent n'était plus le même. Le bref intermède de l'alliance franco-russe n'avait pu, malgré les efforts du pouvoir et des journaux aux ordres, susciter une russomanie suffisamment vivace. Les fameux ballets russes, juste avant la grande guerre, inspirèrent bien une esthétique flamboyante qui vint à point prendre le relais d'un modern'style à bout de souffle, mais le jazz, apporté par les armées yankees dans leur havresac, bouscula tout cela, et bientôt ce fut la Revue Nègre et le triomphe du way of life, triomphe qui dure et s'amplifie, même pas ralenti par l'intermède vert-de-gris.

*

Une langue n'est conquérante qu'autant que le peuple qui la parle est conquérant et pèse de toute sa suprématie sur les peuples environnants, par la force des armes, par le monopole du commerce ou de l'industrie... Et la culture, hé ? La culture, c'est comme le reste, elle est du côté des gros bataillons et des gros comptes en banque. La nécessité impose l'hégémonie. Le prestige suit.

Nous ne parlerions pas une langue issue du latin si les Romains n'avaient pas vaincu et soumis la Gaule. L'Europe entière, du moins l'Europe aristocratique, parla français aussi longtemps que, de Richelieu à Bonaparte, les armées françaises mirent l'Europe à feu et à sang. Les classicismes s'épanouissent au pied des trônes vainqueurs. Corneille, Racine ni Molière ne sont nés au Luxembourg. Voltaire, Diderot ni Balzac ne sont nés à Monaco. Et si Rousseau vit le jour en Suisse, il s'en est bien vite échappé.

La victoire amène la puissance. La puissance amène la richesse. La richesse amène les loisirs. Les loisirs des rois sont des loisirs chic. Donc, la victoire amène la culture, qui est le plus chic des loisirs. Et qui ajoute à la puissance le rayonnement intellectuel et artistique, chose particulièrement prisée des tyrans illettrés.

Enfin, bon, le français n'est plus la langue du plus riche, du plus fort, du plus vainqueur, du plus grande gueule. Il ne comprend pas ce qui lui arrive, le français, car il se croit toujours la langue du plus intelligent, du plus fin, du plus artiste. Il trouve que ce n'est pas juste et il traite, en son for intérieur, les étrangers de grossiers qui ne savent pas apprécier ce qui est bon.

Aux siècles où le français rayonnait, il fit aux autres langues nationales exactement ce que l'anglo-américain est à son tour en train de leur faire : il les subjugua, il les snoba, il les infiltra, il les imprégna.

Le vocabulaire allemand est truffé de mots français. Le russe aussi, concurremment avec des mots allemands, la Russie ayant plus souvent senti le poids de la botte prussienne que celui de l'escarpin français et ayant de ce fait conçu une haute idée du prestige teuton, mais comme les expressions qu'elle empruntait à l'allemand provenaient elles-mêmes bien souvent du fonds français, un certain nombre de mots russes ne sont autres que des mots français prononcés à l'allemande (« guénéral » : général, « batalione » : bataillon... Petite curiosité : les expressions universelles du langage militaire viennent très souvent du français, ce qui vous montre bien...). Les Italiens, qui nous sont pourtant si proches, ont assez peu subi dans leur langue l'influence française. En revanche, aux quinzième, seizième et dix-septième siècles, quand la culture et la mode arrivaient d'Italie dans les bagages des riches héritières Médicis, il était du dernier chic de parler italien. Les vocables italiens se faufilèrent dans le langage courant, le français actuel en porte mainte trace.

*

Juste retour des choses, monnaie de notre pièce, va-et-vient du pendule... Choisissez l'image qui vous convient le mieux. L'anglo-américain nous envahit, mais l'anglo-américain est lui-même français plus qu'à moitié, tout au moins en ce qui concerne le vocabulaire.

Je prends au hasard le premier bouquin en anglais qui me tombe sous la main. C'est une édition de poche, *The Fountainhead*, de Ayn Rand. Celui-là ou un autre, peu importe. Je l'ouvre à la première page. Je lis :

The Fountainhead,
one of the greatest novels in our national literature,
tells the desperate battle waged by architect Howard Roark, whose genius and integrity were as unyielding as granite... of Dominique Francon, the exquisitely beautiful woman who loved Roark passionately, but married his worst ennemy... of the fanatic hatred and denunciation unleashed by an enraged society against a great innovator. It poses one of the most challenging ideas ever presented in a work of fiction : that man's ego is the fountainhead of human progress.

Si l'on écarte les noms de personnes, ce texte compte soixante-dix-neuf mots, longs ou courts. Trente et un de ces mots sont des mots français, pour la plupart des substantifs ou des adjectifs, plus ou moins modifiés dans leur forme suivant que leur intégration à l'anglais est lointaine ou récente, et aussi plus ou moins écartés du sens qu'ils exprimaient dans un contexte français à l'époque de leur intégration.

Si les Américains, pris à leur tour d'un irrésistible désir de pureté linguistique, décidaient d'interdire chez eux l'usage de tous les mots français ou de racine française, quel chambard ! Il leur faudrait retrouver l'antique vocabulaire anglo-saxon d'avant la conquête normande, et aussi sa grammaire toute germanique... Après tout, les dirigeants d'Israël ont bien réussi à imposer à leur peuple l'usage du vieil hébreu de la Bible! Au chauvinisme, rien d'impossible.

*

Quand, en cette mémorable année 1066 presque aussi fameuse pour l'écolier que 800 et 1515, Guillaume le Bâtard, qui n'était pas encore « le Conquérant », s'embarqua avec ses barons, rudes estafiers, pour aller conquérir l'Angleterre et donner à sa femme, Mathilde, un sujet de broderie qui occuperait ses doigts de fée jusqu'à l'extrême vieillesse et l'empêcherait de penser à autre chose, quand, donc, il s'embarqua, Guillaume, vigoureux quoique illégitime rejeton de la tige du Viking Rollon, parlait français, exclusivement français, français de Normandie, et toute sa joyeuse bande aussi. Son aventure ayant eu l'heureuse issue que nous enseigne l'Histoire, Guillaume, que nous pouvons désormais surnommer « le Conquérant », partagea son tout neuf royaume d'outre-Manche entre ses vaillants, et l'Angleterre désormais parla français, plaise ou non, tout au moins sa caste dirigeante.

Que parlaient les Anglais auparavant? Oh, officiellement, un patois plutôt saxon ici, plutôt angle là, saupoudré de danois un peu partout, suivant la vague d'envahisseurs qui avait pris pied ici ou là et s'y était accrochée. Le menu peuple, lui, baragouinait des dialectes celtiques que les précédents occupants romains n'avaient pas eu le temps de latiniser, mais qui s'étaient peu à peu, sous la pression des hordes germaniques, imprégnés d'anglo-dano-saxon, tout au moins parmi les autochtones « collabos », ceux qui ne s'étaient pas repliés vers l'Ouest, au Pays de Galles, en Cornouailles, en Irlande, en Armorique...

En tout cas, à partir du règne de Guillaume et jusque après la guerre de Cent Ans, la langue officielle de la Grande-Bretagne fut le français. La cour et les seigneurs locaux ne parlaient que le français, les jugements étaient rendus en français, les décrets royaux promulgués en français, l'enseignement donné en français (ou en latin), les transactions se faisaient en français et la francisation du menu peuple était plus ou moins activement poussée.

Car la dynastie régnante était française : après les Normands, par voie d'héritage, les Plantagenêts d'Anjou. Par leurs immenses possessions en terre française, les souverains d'Angleterre étaient sujets et vassaux du roi de France, du moins en théorie.

Bien sûr, vous saviez tout cela, mais il n'était peut-être pas mauvais de vous le rappeler... Et ça, le saviez-vous :

Si le roi de France avait finalement perdu la guerre de Cent Ans, le monde entier, à l'heure actuelle, parlerait français.

Parfaitement. Car c'est uniquement par dépit d'avoir été « bouté hors de France » et obligé de renoncer à sa couronne française que le roi Henri VI interdit l'usage du parler français dans ses Etats et imposa partout l'anglo-saxon mal fixé des paysans, ce en quoi il eut bien du mérite car lui-même ne le parlait pas et dut l'apprendre.

Mais dès cette époque l'anglo-saxon n'avait plus grand'chose de germanique, les mots français avaient peu à peu envahi le parler populaire, la grammaire s'était simplifiée (disparition des déclinaisons) et, dans une certaine mesure, calquée sur la française (par exemple, le pluriel des noms marqué par un « s » terminal)... N'empêche, on avait là une langue, langue bâtarde (mais toute langue ne naît-elle pas bâtarde?) quoique déjà bien vivace, et l'anglais prit son envol.

Un siècle plus tard naissait Shakespeare.

Donc, si Jeanne d'Arc était restée à garder ses moutons, le roi d'Angleterre aurait été paisiblement confirmé dans la jouissance de ses droits héréditaires sur la couronne de France (droits qui étaient au moins aussi bien fondés que ceux de Charles VII, dont l'aïeul Philippe VI de Valois n'avait accédé au trône que par le tripatouillage d'une certaine clause d'une prétendue « loi salique » non écrite qui aurait eu cours chez les Francs avant même la chute de l'Empire romain et dont personne jusqu'alors n'avait entendu parler...), le roi d'Angleterre, donc, aurait régné sur le double royaume, et naturellement sa capitale aurait été Paris la plantureuse (Londres n'était alors qu'une bourgade fangeuse et l'Angleterre un pays fort pauvre et sous-peuplé), le peuple anglais aurait tôt ou tard parlé français, et – mais, oh là là, où allons-nous? – aujourd'hui les Etats-Unis parleraient français, et le Canada, et l'Australie, et..., et...

Et le français tiendrait dans le monde la place que tient l'anglais. Ça m'arrangerait bien, tiens! Saleté de Jeanne d'Arc[1]!

*

Au nom de la francophonie (mot horrible, déjà à moitié pas français, prototype du monstre hybride bricolé par de prétentieux pédants!), au nom,

1. Et Le Pen n'aurait pas de vierge symbolique... Oh, ce ne sont pas les symboles qui manquent!

donc, de la (beuark!) francophonie, les autorités et ministères compétents (Culture, Education, va savoir...) nous imposent des listes de mots « sonnant bien français » pour remplacer les vilains américanismes.

Louable intention. Hélas, ce sont des fonctionnaires, pas des poètes. Pas même des gens de la rue, je veux dire du temps où l'homme de la rue avait de l'oreille, de l'humour et l'instinct de sa langue.

Alors, ça donne des choses dans le genre de, piochons au hasard : « conteneur ».

C'est destiné à remplacer l'anglo-saxon « container ». On comprend la démarche. On a voulu donner une allure française à « container » sans faire trop violence aux habitudes des professionnels qui emploient ce mot à longueur de journée. Or, « container » vient lui-même du français (faut-il vraiment le démontrer?) et nous revient paré du prestige américain.

On nous intime : « Il ne faut pas dire " container ", ce n'est pas français. Dites " conteneur ". » Mais « conteneur » ne l'est pas davantage! On l'a bricolé, décalqué sur « container », et on arrive à un monstre non français, et même anti-français, je veux dire que l'évolution normale du parler français n'a pas produit « conteneur » et ne pouvait pas le produire. Si les Français n'avaient pas honte (ou la flemme) de parler français, ils diraient tout simplement « récipient », qui se traduit en anglais par « container » (ce qui contient quelque chose).

Mais, direz-vous, un « conteneur » n'est pas seulement un récipient, n'est pas n'importe quel récipient, mais un récipient bien précis, celui qui sert à contenir le fret sur les cargos et autres moyens de transport. Très bien. Alors, dites-moi, comment font donc les Américains, eux qui n'ont que « container » pour désigner toute sorte de récipients ?

*

Oh, qu'ils me font mal, ces jeunes aux yeux de veau qui, lorsqu'ils vous parlent, vous collent tous les dix mots un « O.K. » péremptoire comme un coup de tampon !

– Bon. Alors, vous prenez la première à droite, O.K. ? Là, vous allez tout droit jusqu'à l'église, O.K. ? Vous prenez la rue juste en face, O.K. ? Après, vous tournez à gauche, O.K. ? Vous arrivez devant une grande grille, O.K. ? C'est là. O.K. ?

– J'ai demandé à mon père : c'est O.K. pour lui. Je te rejoins à la piscine. O.K. ?

– O.K. !

– La fille était O.K. pour tout, mais il n'a pas pu. Y a des jours, on n'est pas O.K.

Etc.

Mes petits lapins, s'il vous faut absolument quémander l'agrément de l'interlocuteur toutes les cinq secondes, cela vous écorcherait-il la gueule de dire « D'accord ? » Ce ne serait pas moins exaspérant, mais du moins m'exaspéreriez-vous en français, l'exaspération ne sortirait pas de la famille.

Si, par contre, vous tenez à me rendre enragé, vous pouvez aussi mâcher de la gomme, en même temps, ça compléterait l'aspect bovin de la chose et magnifierait l'exaspération jusqu'aux extrêmes limites de l'humainement supportable.

*

A titre d'exemple, en passant, pour vous faire toucher du doigt la colonisation et la perte d'identité :

Le mot « glu », français jusqu'à la petite queue du béret basque, désigne depuis toujours une colle spéciale, faite à partir d'un mucilage extrait de la baie du gui, et qui sert à piéger les petits oiseaux (salauds!). Passé chez les Anglo-Saxons, il est devenu « glue » (prononcez « glioue ») et signifie « colle », sans plus. Il nous est revenu par les bandes dessinées américaines, si bien que, partout, on l'écrit « glue », avec un « e » au bout. On ne connaît plus le mot français.

Un autre. « Gay », mot d'argot anglais qui signifie tout crûment « pédé », est en train de détrôner en France « homo », ce raccourci qui représentait la seule façon non injurieuse de désigner un homosexuel. Oui, mais « gay » est français, il a passé la Manche avec Guillaume et, après des avatars en cascade, en est venu à signifier ce qu'il signifie aujourd'hui. (Peut-être estime-t-on, en Angleterre, que les exercices auxquels se livrent les homosexuels les maintiennent de bonne humeur?) Pendant ce temps, chez nous, il a continué à vivre sa petite vie, et « gai » est toujours le souriant synonyme de « joyeux ». Oui, mais, voilà que, depuis que « gay » est à la mode, on n'ose plus employer le bon vieux « gai » bien français. Allez donc suggérer à un malabar ombrageux qu'il est un peu gai, vous comprendrez ce que je veux dire.

Alors, non seulement ils nous envahissent, mais ils nous chassent de chez nous?

*

En somme, la plupart des mots anglais envahissants ne sont que des vieux mots français qui nous reviennent après un long exil et avec un sens différent. Nous sommes bien bons de nous mettre à la portée de ces malheureux insulaires qui, privés du contact avec la source vive pendant des siècles, ont tordu notre belle langue, l'ont laissée dériver vers des sens idiots, et maintenant prétendent nous imposer ces caricatures!

L'anglais, c'est pour cinquante pour cent du français petit-nègre. Nous n'avons pas de leçons à recevoir d'indigènes qui ont laissé se détériorer le trésor que nous leur laissâmes. Non, mais...

SOMMES-NOUS TOUS DES ONCLES TOM ? *(suite)*

Si vous voulez mon avis – et vous le voulez, bien sûr, puisque vous avez acheté ce livre – ce n'est pas d'américanomanie que risque de mourir notre français bien-aimé. Non que j'apporte ma bénédiction à l'avalanche, mais j'estime la vitalité du français assez foisonnante pour absorber, enrober, en un mot pour franciser les intrus, leur coller un béret basque sur la tête, au bec un mégot de gitane et un accent à l'ail. L'invasion n'est, à tout prendre, qu'une infiltration, elle reste individuelle, au coup par coup, elle n'est le fait que de mots isolés, elle n'entraîne pas la grammaire, ni la syntaxe. Elle se soldera par l'entrée dans le dictionnaire d'un certain nombre d'expressions dont nous aurions fort bien pu nous passer, c'est vrai, mais l'état d'une langue à un certain moment est le produit d'un tas de facteurs, parmi lesquels les irrationnels phénomènes de mode ne sont pas les moindres.

*

Le français a naturalisé et digéré sans trop de douleur bien d'autres vocables hautement bizarres, qui n'avaient absolument rien à voir avec ce qu'on se plaît à nommer le « génie de la langue ». Je veux mentionner l'effroyable raz-de-marée des termes scientifiques ou pseudo-scientifiques forgés par des pédants prétentieux à partir d'un méli-mélo de racines grecques et latines (bien souvent acoquinées dans un même mot en un monstrueux accouplement contre-nature), termes dont beaucoup sont passés dans la langue de tous les jours, et puis, partis de France, ont conquis l'université.

Vous dites tout naturellement « téléphone », « cinéma », « électricité », « automobile », « pédiatre », « gynécologie », « ophtalmologue », « téléphérique », « locomotive », « analyse », « phantasme », « bicyclette », « oto-rhino-laryngologue », « œnologie » (très à la mode, « œnologie », entre les grosses pattes de publicitaires)... Vous employez sans même y faire attention des milliers d'autres monstres, hideuses chimères bricolées de toutes pièces par de doctes cuistres ou par des industriels avides de prestige avec ces rapiéçages gréco-latins assemblés de bric et de broc et cousus de corde à puits...

Or, y trouvez-vous à redire ? Les puristes se sont-ils jamais indignés ? L'invasion est pourtant infiniment plus massive que celle des vocables anglo-saxons, elle dure depuis des siècles, elle ne procède pas d'un choix instinctif ou d'une adoption par coup de cœur ou par coup de mode, elle fut imposée, imposée par des ânes chargés de diplômes qui ne pouvaient concevoir qu'une notion scientifique puisse s'exprimer en langage vulgaire. Vestige de mentalité moyenâgeuse, héritage des temps arides où, avant d'entreprendre des études de médecine, de physique ou d'architecture, il fallait consacrer des années à étudier les langues mortes, seules jugées dignes d'aborder ces sujets prestigieux. Cela créait une franc-maçonnerie du savoir et permettait aux médecins de discuter sans se gêner au chevet du malade, dont l'anxiété se doublait de la honte de l'ignorance.

Il est de ces mots, tels « téléphone », « électricité » ou « analyse », qui passèrent sans trop de peine dans le langage courant parce qu'ils sonnaient de façon pas trop barbare à nos oreilles. D'autres, comme « cinématographe » ou « gynécologue », ont perdu leur queue de cerf-volant pour devenir « cinéma », ou même « ciné », et « gynéco ». D'autres encore nous sont restés en travers du gosier : « vélocipède » s'est abrégé en « vélo » et a détrôné son synonyme « bicyclette », inventé par une marque concurrente. « Aéroplane » a été battu à plate couture par « avion », toujours la bataille des marques. « Automobile », après s'être raccourci en « auto », a curieusement, au cours de ces dernières années, dû céder le pas à « voiture », inattendu retour en arrière qui montre bien qu'il ne faut jamais perdre espoir.

En tout cas, et c'est là où je voulais en venir, ces mots plus qu'étrangers, ces mots barbares hérissés de « th », de « ph », d'« y » et de « ch » qu'il faut prononcer « k » sous peine de passer pour un plouc, ces squelettes aux orbites vides exhumés de la fosse commune des langues mortes, ces intrus que rien ne relie à la genèse et à l'évolution du vocabulaire français se sont glissés dans la langue quotidienne, ceux du moins qui ont échappé au strict usage scientifique, et puis ont été tant bien que mal adoptés, digérés, francisés, et tel qui proteste contre le trop yankee « transistor » (lequel du moins garde un lien tant formel que rationnel avec une racine qui fut française avant que d'être anglaise) ne voit aucune profanation à parler de son oto-rhino-laryngologue.

« Ciné » et « photo » ont coiffé le béret basque et fument des gauloises bleues. Ils ont acquis droit de cité, nous ne remarquons même plus leur faciès encore un tant soit peu métèque. Mais que dire de « conchyliologie », de « mytiliculture » et de bien d'autres? Ça nous aurait déshonorés de dire « étude des coquillages » ou « élevage des moules »?

Les Allemands sont plus vigilants dans la préservation de leur identité. Ce que nous appelons « ophtalmologue » (et qui, lorsque j'étais enfant, n'était qu'un « oculiste », c'était déjà pas mal, mais pas encore assez ronflant) se contente, chez eux, d'être un « Augenartz », soit un « médecin des yeux », tout simplement.

Si donc, comme il en est question, on s'attaque sérieusement à purger le français des néologismes étrangers (lisez : américains), alors il importe en priorité de le purger de ces cochonneries néo-gréco-latines de pacotille qui l'encombrent et le déshonorent bien autrement!

*

Qu'on ne me fasse pas dire ce que je ne dis pas. Le sabir gréco-latin n'est haïssable que lorsqu'il s'évade du jardin bien clos où fleurissent les activités intellectuelles de haut niveau pour venir déployer ses toges et ses chlamydes dans notre monde terre à terre et perturber l'évolution « naturelle » de notre innocent langage, à nous bons bougres qui, laissés à nous-mêmes, parlons d'instinct et changeons au gré du temps qui passe mais sans perdre de vue nos racines.

Si le téléphone avait fait son apparition sous Louis XIV, les beaux esprits du temps l'auraient baptisé « parle-loin », ou « longue-bouche », ou « grande oreille », ou « confident », enfin quelque chose dans le genre, bien imagé, bien familier.

L'époque laissait les mots savants aux savants et ne cherchait pas midi à quatorze heures. Quand milord Buckingham, ambassadeur de Sa Majesté britannique, éblouit Paris, il fut aussitôt lord de Bouquinquant, les gosiers français ne voyant nulle utilité à singer le parler exotique. Qui n'était pas chez lui avait tort. Revenons au téléphone. Les Allemands, peuple aux traditions rigides, disent « Fernsprecher », c'est-à-dire « qui parle au loin ». Ce n'est pas plus long à dire ou à écrire que « téléphone » et c'est solidement enraciné dans le terroir, l'image surgit avec le mot.

*

Dans la terminologie des sciences, et seulement là, l'usage des sacro-saintes langues mortes a eu des conséquences tout à fait heureuses. Les hommes de savoir jouirent d'un instrument de communication universel qui leur permet d'ignorer les frontières. Le Polonais Copernic, l'Italien Galilée, l'Anglais Newton, l'Allemand Kepler, le Français Descartes étaient immédiatement compréhensibles les uns pour les autres : par le latin. La géniale classification des êtres vivants mise au point par le Suédois Linné est basée sur la terminologie latine...

*

Je ne veux pas remettre en cause « sympathie », « amorphe » ou « analyse », mais on peut s'amuser à se demander comment on exprimerait ces concepts si ces créations artificielles n'avaient pas été glissées dans la place. Qu'aurait écrit, par exemple, la Sévigné pour « sympathie »?... « Attirance »? « Attrait »? « Penchant »? « Inclination »?... Eh, vous voyez bien que « sympathie » ne s'imposait nullement! Chacun de ces synonymes est encore tout à fait compris de nos jours et n'a même rien perdu de sa force. Quant à l'élégance, il me semble que « penchant » n'a rien à envier à « sympathie ».

*

Traduire « hot-dog » par « chien-chaud » – cela fut tenté! – serait parfaitement ridicule. L'anglo-américain crée des mots, ou plutôt assemble des mots, avec une allégresse, une cocasserie, qui dénotent une belle vitalité. Fourrer une saucisse chaude enduite de moutarde dans un petit pain est une idée de chez eux, une excellente idée, il allait de soi qu'en important la chose on importât le nom. On aurait peut-être pu trouver un équivalent français à « hot-dog », un équivalent aussi vivant et aussi drôle, mais voilà, il eût fallu que ce fût spontané, je veux dire que ce fût jailli d'un coup de génie populaire comme celui d'où est jailli « hot-dog »... Ça ne s'est pas fait. Il nous faut donc bien nous contenter de « hot-dog », ou, si l'on a le cœur tricolore à l'excès, commander tout simplement une saucisse, sans se torturer les méninges pour forger une trouvaille de remplacement.

L'anglais est une langue essentiellement imprécise. D'où sa concision. On ne peut pas tout avoir. Le français, lui, fuit l'ambiguïté. La clarté est son souci, fût-ce au prix d'une certaine prolixité. Si l'on veut être compris, et compris sans risque de doute, il faut ce qu'il faut. La compréhension d'une expression anglaise exige presque toujours la connaissance du contexte, ou du moins une connivence née d'une longue pratique.

La vogue du tennis a multiplié les cas d'une

lésion bénigne des tissus tendineux du coude popularisée sous le nom importé de « tennis elbow ». Littéralement : « tennis-coude ». Si l'on n'est pas dans le coup, on ne peut pas deviner ce que « tennis » et « coude » font ici ensemble. On peut se demander ce qu'aurait trouvé le français pour désigner ce bobo si le français continuait à inventer ses mots au lieu de les acheter en confection. Tout bêtement « mal au coude », peut-être? Mais c'est vague. Ça ne dit pas comment on l'a attrapé. Or, ce n'est pas de n'importe quel mal au coude qu'il s'agit, c'est d'un mal au coude glorieusement gagné sur les courts, ce qui suppose de nombreuses et acharnées parties et suggère une classe de haut de gamme. Toujours précis, le français avancera « tendinite », et même « tendinite du coude », ce qui ne nous renseigne toujours pas quant à l'origine flatteuse du mal. Hmm... Nous nous heurtons ici à l'incapacité du français à bricoler dans le flou évocateur. « Je me suis pété le coude en jouant au tennis », voilà où nous finirons par arriver. Evidemment, c'est plus long à énoncer que « J'ai un tennis elbow », et surtout c'est moins flambard... Mais c'est français, nom de Guieu!

*

La concision! C'est toujours l'argument que mettent d'abord en avant les admirateurs fervents (les « supporters »!) des anglo-américanismes. « Week-end », proclament-ils, est plus bref que « fin de semaine », vous n'allez pas prétendre le contraire!

Je ne vais pas prétendre. « Week-end » est plus bref, « week-end » est ce qui se fait de mieux en fait de brièveté... Mais justement. Qu'avons-nous donc tant à faire de brièveté? Qu'est-ce que cette obsession de gagner un ou deux centièmes de secondes sur une phrase parlée, deux ou trois lignes sur une page écrite ? Ce temps, cet espace gagnés, qu'allons-nous en foutre ? Le français n'est pas une langue à l'emporte-pièce, nous l'avons déjà constaté. Et alors ? Le français est analytique, c'est-à-dire qu'il ne se contente pas de déblayer grosso modo : il décrit, il détaille. Ses qualités maîtresses sont la précision et la clarté. (Ne parlons même pas de sa beauté, c'est sur le terrain de l'efficacité qu'on nous a forcés à nous défendre.) Le français est moins bref parce qu'il explique mieux, parce qu'il décrit mieux. Ce n'est pas un gougnafier, il fait le travail bien à fond, il n'y a pas à repasser derrière.

Et si vraiment « fin de semaine » vous épuise, je vous signale qu'il existait, en mon jeune âge, un mot très bref qui, chez les ouvriers, désignait justement ces dimanches à deux coups qui englobaient le samedi : c'est le « pont ». Oui, je sais, ce mot a évolué. Chassé de son sens premier par l'impudent « week-end », il désigne aujourd'hui la fin de semaine prolongée par combinaison avec d'autres jours fériés. Je puis vous assurer que, sur les chantiers, naguère, le pont était l'union d'un samedi et d'un dimanche chômés. Si le samedi n'était chômé que l'après-midi, on avait alors la « semaine anglaise », terme qui a depuis, je crois, sombré corps et biens dans les eaux mornes de l'oubli.

*

Eh, causons tranquillement, mon ami ! Parlons notre langue à nous, si fleurie, si gracieuse, empruntons les sentiers charmants, il n'y a pas le feu, que diable ! Et laissons ces mots secs comme abois de chiens, ces mots mâchouillés chouine-gomme, ces mots télescopés, ces mots hachés mitrailleuse, à ces épais du Texas avec leur galure à la con, à ces barbares morfaloux pour qui time is money et bizness is bizness (non, tu ne me feras pas écrire « business », ça me donne des boutons). Nous avons tout notre temps, petit frère. Parler n'est pas que transmettre un message tout cru, parler n'est pas du morse. Parler est, en soi, un plaisir. Et écrire, donc ! Exprimons-nous à notre rythme, ce rythme est celui de notre tempérament à nous, Français. Faites-lui violence, vous n'aurez rien de bon.

*

Alors, le franglais, tu es contre ?

Eh bien, c'est, disons, affaire de quantité. Quand un néologisme yankee s'impose par son irremplaçable utilité, ou parce qu'il est drôle, ou qu'il sonne coquinement (ça arrive !), je me laisse faire. Je n'ai rien contre « gadget », qui se dandine sur ses petites pattes torses et hoquette comme l'onomatopée même de la dérision. Pourtant, nous avons « bidule », « machin », « truc », « camelote », « brimborion », « bricole », « bagatelle »... plus quelques autres, sans doute, qui emplissent déjà ras le bord la niche écologique, mais bon, « gadget » m'a eu à la sympathie amusée, comme « hot-dog », comme « bulldozer ».

« Bulldozer » : taureau fouisseur. Image puissante. On voit la bête splendide, dos arqué, poussant de ses cornes irrésistibles une montagne de terre, de rochers et d'arbres déracinés qu'elle roule devant elle comme un tapis. Oui, mais il faut connaître l'anglais, au moins un tant soit peu... Pas la peine ! Ces trois syllabes, même anémiées par l'accent de la Beauce, maltraitent l'oreille avec la brutalité pleine pâte d'une sculpture de Rodin... L'ennui, c'est que, très vite, ça s'est rétréci en « bull », perdant du coup l'impact du son et celui du sens : l'essentiel n'est pas « bull », mais bien « dozer ». Sans parler de l'attirance de la bulle de savon, aérienne et irisée...

« Hot-dog », s'il s'était intelligemment raccourci, aurait pu donner « dog », qui en aurait conservé l'humour cruel. Hélas, si tu veux être compris et servi, commande un « hot » au garçon. Voilà ce qui arrive aux mots jolis qu'on emploie sans les comprendre.

Pourquoi repousserais-je « offset », « carter » « cocktail » ou « Stop! »? (Quoique « Halte » sonne tout aussi bien et est, lui d'emblée, international : « Halt! », « Altola! », etc.) J'ai bien adopté « cacao », « bistrot », « loustic », « pizza », caoutchouc », « thé », « topinambour », « ersatz », « concerto », « caméra » « scénario » (mais pas « script! »)... et je ne m'en porte pas plus mal.

*

Vois-tu, ce qui m'enrage et me plonge dans des désespoirs, c'est l'inondation, c'est l'avalanche, c'est l'emploi systématique et prétentieux (et, à la longue, machinal) d'un arrogant baragouin américanisant, d'une enfilade de mots qu'on prononce en se tordant la gueule, piqués dans le contexte français comme gousses d'ail dans le gigot, mais en telle abondance qu'il n'y a que de l'ail et pour ainsi dire plus de gigot... Il faut bien se garder un minimum de gigot, je veux dire de mots de liaison français, ne serait-ce que pour la syntaxe. Car l'invasion se borne au vocabulaire, qui fait tellement plus efficace (pardon : « performant! »). On accorde, on conjugue, on ficelle le tout à la sauce française. Ça donne un sabir petit-nègre qui, je suppose, doit faire éclater de rire, de pitié et de supériorité triomphante le dernier des bouseux du Middle West.

Cette invasion, qui nous déferle dessus par les voies larges ouvertes des activités prestigieuses, puisqu'en chacune d'elles les Américains sont réputés une fois pour toutes les super-champions, qu'il s'agisse de sport, de spectacle, de publicité, de science ou de techniques de pointe, cette invasion accueillie bras ouverts et yeux révulsés d'extase par les envahis, cette invasion s'appelle tout simplement colonisation.

Nous reconnaissons la langue yankee comme supérieure puisqu'elle est celle de la race supérieure. Nous l'adoptons avec ferveur, avec humilité, et renions la nôtre, comme ces nègres des temps coloniaux qui se barbouillaient de peinture blanche pour singer l'homme blanc. Nous avons honte de n'être pas des Américains, de n'être que de minables petits Français sous-développés...

Ce ne sont pas les Américains à qui nous cherchons à faire illusion, eux nous toisent de leur haut et ricanent de notre bassesse. Non, nous cherchons à épater les autres Français, à leur en mettre plein la vue : plus nous sommes nous-mêmes américanisés, plus nous sommes près des dieux.

Nous avons peur, une peur panique, d'avoir l'air de n'être pas dans le coup, « ringards ». Ringard! Mot terrible, le pire mot de notre époque, mot qui vous anéantit un être humain sans rémission... Est ringard quiconque n'a pas la bouche débordante de mots en « ing »... Oh, l'arrogante et morne foule des conquérants petits messieurs en complet-veston boutonné, l'« attaché-case » au bout du bras, qui discutent « marketing » et « merchandising » aux heures blêmes, en faisant la queue devant le « gate » d'accès à l'avion! Tous ces petits coqs franchouillards satisfaits qui se prennent pour des biznessmen implacables parce qu'ils voyagent « aux frais de la boîte » et ont droit à la carte de crédit (« Américain Express », bien sûr!) qui leur permet de déployer leur « savoir déjeuner » (how to lunch) et leur « savoir choisir les vins », bases sacrées de l'art d'enlever les contrats...

*

Reconnaître la puissance économique américaine, son dynamisme créateur, son avance technologique et son avidité commerciale, c'est constater l'évidence. Admirons les Ricains (mais aussi les Japonais, qui se débrouillent au moins aussi bien, et les Allemands, et...). Faut-il pour autant se mettre à plat ventre, singer les Yankees jusque dans leurs tics, renier notre langue parce que la leur est celle des maîtres?

Encore une fois, ce qui me hérisse dans cette américanomanie, c'est, à travers la niaise prolifération de mots yankees de pacotille, l'attitude de soumission masochiste qu'elle trahit, l'acceptation béate et servile de je ne sais quelle infériorité, la position de colonisé éperdu d'humilité devant le Grand Sorcier Blanc.

Ça t'amuse de jouer les oncles Tom?

*

Qui oserait encore dire « grand-père » à son grand-père, « grand'mère » à sa grand'mère? (Je sais, on doit écrire « grand-mère », dorénavant, avec un trait d'union, l'Académie et le *Grevisse* l'exigent. L'Académie et le *Grevisse* sont des larves qui s'alignent docilement sur le plus con et le plus feignant. Me retirer l'apostrophe de « grand'mère »! Non, mais, ça va pas? C'est le joli de la chose! L'« e » final non prononcé, exprimé par l'apostrophe coquine... Adorable. J'écrirai « grand'mère » « grand'rue », « grand'messe », « grand'route » jusqu'à plus soif, parce que c'est joli, parce que c'est logique et parce que j'aime. Et merde pour l'Académie et pour *Grevisse* réunis!) Qui donc, disais-je oserait de nos jours dire « grand'mère » à sa grand'mère? Personne.

Essayez, vous verrez. La grand'mère fera la grimace et puis, gentiment mais fermement, vous intimera : « Appelle-moi " mamie ", mon chéri. » Symétriquement, au grand-père, c'est « papy » qu'il faut dire.

« Mamie », « papy »... Ça me fout envie de tuer.

Ainsi donc, les Français ont non seulement du chagrin de se voir vieillir, ce qui se comprend, ô combien, mais également honte? Et, pour effacer les ans et la honte, ils vont chercher la jeunesse où? En Amérique, pardi! Dans les films TV américains. « Mamie » et « papy » veulent strictement dire « mémé » et « pépé » dans le patois de là-bas. Là-bas, ça ne rajeunit personne. Mais voilà, pour les indigènes de l'hexagone, ça fait « dans le vent », donc jeune.

« Mamie », « papy »!... Quelle horreur! La décrépitude maquillée Dior... Au lieu des chers aïeuls bien-aimés, je vois de sinistres vieilles « liftées » jusqu'à l'extrême limite de résistance de la peau, la gueule éclatante de dents en porcelaine, le cheveu rare mais bouffant, teint en bleu, en mauve, en rose ou en trop blond, le soutiendoudounes bourré de plastique, la jupe au genou laissant voir des jambes tout à fait baisables depuis qu'elle s'est fait tirer les varices... Ah, le sourire rictus de ces horribles punaises ravagées, ravalées, qu'on voit faire la plante verte au côté des successifs présidents des States!... Mamie Reagan, ô ma haine!

Une mamie, ça minaude et ça répond « Voulez-vous bien vous taire, petit coquin! » au facteur qui lui dit que, s'il avait vingt ans de moins... Ça joue au bridge, ça doit sec, ça ne raconte pas Tino Rossi ou Mistinguett, ça ne veut pas avoir connu ça, ça discute Sex-Pistols, Roland-Garros et Paris-Dakar.

« Papy », c'est l'inusable et interchangeable vieux con sentencieux des séries de la sixième chaîne, perruque de neige aux reflets d'azur, corset souple sous le costard impec, roulant décapotable et sachant ce qui est bon pour les jeunes... Sinistre cadavre vivant, fardé, guindé, ayant fait-du-sport-à-l'université-dans-son-jeune-temps, moral, sûr de soi et con comme un match de baseball.

Mais oui! Mais parfaitement! C'est à ça que nous voulons ressembler. C'est l'image rêvée du troisième âge dans le confort et la dignité, c'est moderne et c'est chic, nous ne voulons plus être des grand'mères et des grands-pères à gros sabots qui sentent le purin. Nous ne voulons plus tricoter au coin du feu et cracher dans la cendre. Nous voulons être des gens normaux, nous voulons être américains. Vive les mamies, vive les papys, vive l'Amérique!

Bon, bon. Si vous le prenez comme ça...

*

Alors, sur l'élan, pourquoi pas « honey » aussi ? Nous disons « Chéri », ils disent « Honey ». Ce qu'on traduit par « Mon chou » dans la Série noire. « Honey » : miel. Tu te rends compte ? Seul l'Américain a le droit d'être con. C'est le privilège du seigneur.

*

Pour conclure. J'aime le français, je l'aime avec une tendre et sauvage passion, ça, je crois vous l'avoir fait comprendre, mais j'aime aussi les langues, toutes les langues. Enfin, celles qu'il m'a été donné de fréquenter. J'ai même nourri pendant des années une véritable frénésie d'apprendre, je collectionnais les cours du soir et les séances chez Berlitz... Il se trouve que j'ai l'oreille, que je pige bien la musique d'une langue, le tour d'esprit du peuple qui la parle, tout ça... Bon. J'aime les langues, c'est peut-être justement pour cela que je n'aime guère qu'elles se mélangent. Parce que je « sens » bien à fond le climat, le goût, l'odeur intime d'une langue, je voudrais qu'elle reste bien sage chez elle et ne déborde pas en bavures hétéroclites sur ses voisines. Des mots étrangers, surtout anglo-saxons, dans une phrase française me font l'effet d'un rapiéçage cacophonique. Ça jure. Comme un pied en tube chromé collé à une table Louis XV.

Jadis, l'assimilation ne posait pas problème. L'infiltration des mots étrangers, qui fut toujours active au gré des fluctuations de l'histoire, était digérée au fur et à mesure. Les Français n'avaient nul scrupule à franciser ce qu'ils n'avaient pas envie de traduire. On n'éprouvait pas le besoin de prouver au monde qu'on avait été à l'école et qu'on savait que « week-end » se prononce « oui-quènnede ». Il y avait même une certaine affectation à prononcer, non pas tel qu'on lisait – qui savait lire? – mais tel qu'on entendait, ou qu'on croyait entendre. L'oreille ignore les sons auxquels elle n'est pas faite et les interprète tant bien que mal en les ramenant à ce qui lui semble le plus proche. C'est ainsi que « Landsknecht » devint « lansquenet » et la princesse Ingeborge de Danemark, ayant épousé le roi de France Philippe Auguste, devint la reine Ysambour. Certes, on n'allait pas se surmener les badigouinces et s'arracher la luette pour imiter des sauvages qui n'étaient pas foutus de parler chrétien. Le mot barbare devait se plier au gosier français, jamais l'inverse.

L'instruction publique est venue perturber cette belle santé. Tout un chacun sait que « media » est du latin, que ça ne prend donc pas d'accent sur le « e » et que c'est un pluriel, le pluriel de « medium ». Mais qui oserait, parlant d'un journal ou d'une chaîne de télé, dire « un medium »? On voudrait que le monde sache qu'on sait, mais en même temps on voudrait n'avoir pas l'air faraud de savoir. Compliqué. Alors, on s'arrange pour n'employer « media » qu'au pluriel. « Les media. » Sans « s » au bout, attention!... L'instruction conduit à la torture intime. Soyez donc simples, bon sang! « Media » est désormais naturalisé français, il jouit pleinement des droits et des devoirs attachés à la qualité de citoyen français à part entière, collez-lui donc un accent aigu, s'il vous plaît, et un « s » au pluriel, y a pas de raison! « Un média », des « médias ».

Il y a des gens pour vous prononcer, le petit

doigt en l'air, « des scenarii », en détachant bien les deux « i », ce qui exige un certain double sursaut de la glotte assez peu compatible avec la phonie française. Je regrette : « un scénario », « des scénarios ». Ce rital est désormais bien de chez nous. Enfin, quoi, pourquoi pas, aussi, « des piani », « des concerti »... ? « Un macarono ? » « Un spaghetto ? »

QUELQUES AGACERIES EN VRAC

DU PARTICIPE PASSÉ

Quand, à l'horizon du cours de français, se lève pour la première fois, nuage lourd de menaces, le participe passé conjugué avec l'auxiliaire « avoir », l'enfant comprend que ses belles années sont à jamais enfuies et que sa vie sera désormais un combat féroce et déloyal contre des éléments acharnés à sa perte.

L'apparition, dans une phrase que l'on croyait innocente, du perfide participe passé déclenche, chez l'adulte le plus coriace, une épouvante que le fil des ans n'atténuera pas. Et, bien sûr, persuadé d'avance de son indignité et de l'inutilité du combat, l'infortuné qu'un implacable destin fit naître sur une terre francophone perd ses moyens et commet la faute. A tous les coups.

La disparition accélérée du passé simple au profit du passé composé multiplie les occasions de ces déprimants affrontements. Comme ce sont les couches populaires qui sont les actifs promoteurs de cette évolution fatale, on peut dire que le peuple travaille à son propre malheur.

Pourtant, s'il est une règle où l'on ne peut guère reprocher à la grammaire de pécher contre la logique et la clarté, c'est bien celle-là. Que dit-elle ?

Elle dit ceci :

Le participe passé conjugué avec l'auxiliaire « avoir » s'accorde en genre et en nombre avec le complément d'objet direct lorsque celui-ci est placé avant le verbe. Il reste invariable si le complément direct d'objet est placé après le verbe. Il ne s'accorde jamais avec le sujet.

Quoi de plus lumineux ? Prenons un exemple :

« J'ai mangé la dinde. »

Le complément d'objet direct « la dinde » est placé après le verbe. Quand nous lisons « J'ai mangé », jusque-là nous ne savons pas ce que ce type a mangé, ni même s'il a l'intention de nous faire part de ce qu'il a mangé. Il a mangé, un point c'est tout ! La phrase pourrait s'arrêter là. Donc, nous n'accordons pas « mangé », et avec quoi diable l'accorderions-nous ? Mais voilà ensuite qu'il précise « la dinde ». Il a, ce faisant, introduit un complément d'objet direct. Il a mangé QUOI ? La dinde. Nous en sommes bien contents pour lui, mais ce renseignement arrive trop tard. Cette dinde, toute chargée de féminité qu'elle soit, ne peut plus influencer notre verbe « avoir mangé », qui demeure imperturbable. Notre gourmand eût-il dévoré tout un troupeau de dindes qu'il en irait de même : « mangé » resterait stoïquement le verbe « manger » conjugué au passé composé.

Maintenant, si ce quidam écrit « La dinde ? Je l'ai mangée » ou « La dinde que j'ai mangée », alors là, il commence par nous présenter cette sacrée dinde. Avant même d'apprendre ce qu'il a bien pu lui faire, à la dinde, nous savons qu'il s'agit d'une dinde. Nous ne pouvons plus nous dérober. Nous devons accorder, hé oui. « Mangée » est lié à la dinde (c'est-à-dire à « l' » ou à « que », qui sont les représentants attitrés de la dinde) par-dessus le verbe, par un lien solide qui fait que « mangée » n'est pas seulement un élément du verbe « manger » conjugué au passé composé, mais également une espèce d'attribut de la dinde. Comme si nous disions « La dinde EST mangée ».

Jusque-là, reconnaissons-le, c'est enfantin.

Où cela se corse un peu, c'est avec les verbes qui marchent à la fois à la voile et à la vapeur, je veux dire ceux qui sont tantôt transitifs (qui admettent un complément d'objet) et tantôt intransitifs (n'admettent pas de complément d'objet). Heureusement, ils sont peu nombreux. Exemples : « valoir » et « coûter ».

Si je dis « Les cent francs que ce livre a coûté », « coûter » est ici intransitif, « cent francs » n'est donc pas complément d'objet direct mais complément de prix (ne répond pas à la question « Quoi ? », mais à la question « Combien ? »), donc « coûté » reste invariable. Mais si je dis « Les pénibles efforts que ce livre m'a coûtés », « coûter » est ici transitif, « efforts » est donc bien complément d'objet direct (ce livre m'a coûté quoi ? Réponse : « que », mis pour « efforts », et placé avant le verbe), « coûtés » doit s'accorder.

Subtil ? Un peu, mais amusant, non ?

Si l'on préfère s'épargner cette source d'angoisse, on peut s'ingénier à éviter les temps composés, tout au moins ceux qui se construisent avec l'auxiliaire « avoir » : « Je mangeai la dinde », « La dinde que je mangeai », « Les cent francs que ce livre me coûta »... Le dilemme disparaît. Mais comment éviter le futur antérieur, le conditionnel passé, le subjonctif passé et les plus-que-parfaits ? C'est votre problème. Moi, les participes passés viennent me manger dans la main.

On peut, par contre, se délecter de petites choses

assez déroutantes pour l'étranger : « Que j'aie mangé la grenouille ou que je ne l'aie pas mangée... »

ON

J'en ai assez. Chaque fois que j'écris quelque chose dans le genre « On est perdus », « On se croyait plus pauvres qu'on n'était », chaque fois, la claviste, paf, me supprime le « s » du pluriel. Avec un rictus de pitié. Aux corrections sur épreuves, je rétablis mon « s », sans me faire d'illusion. Car le correcteur professionnel passe derrière moi et, paf, sucre le « s ». Avec rage. Je souffre de tant d'incompréhension. Il faut que je me venge. Je le fais :

« On », en principe et officiellement, est un pronom du type dit « indéfini ». Indéfini, cela veut dire que ce « on » est mis là pour tenir la place d'une entité assez vague, qui peut être le prototype de l'homme quelconque ou s'étendre jusqu'à l'humanité tout entière. « On n'a rien sans peine. » « On est mieux chez soi que chez les autres. » Etc. C'est le « on » des proverbes et aphorismes. Ce « on » là ressortit au genre masculin, au nombre singulier, et conjugue le verbe à la troisième personne. S'il s'adjoint un attribut, cet ornement revêtira les signes du masculin singulier : « On se croit spirituel, on n'est que ridicule. » Bien. Jusque-là, je suis d'accord.

Mais voilà, « on » s'est évadé de son modeste rôle d'indéfini pour se faufiler jusqu'aux honneurs du pronom personnel, et quel pronom personnel ! Rien de moins que « nous », majestueuse première personne du pluriel ! Je sais, c'est incorrect, c'est bas, c'est peuple, mais c'est. Et c'est même, depuis longtemps, la façon la plus courante de dire

« nous », au moins dans le langage parlé. Au point que des grammairiens ont proposé de faire figurer « on » dans la liste des pronoms personnels.

Le verbe qui a pour sujet « on » se conjugue toujours à la troisième personne du singulier, même si ce « on » est mis pour « nous » :

« On est douze bons copains. On marche dans la campagne. » Rien à dire. La forme l'emporte sur le sens, et heureusement. Vous imaginez-vous disant et écrivant « On marchons... » ou peut-être « On marchent... »?

Introduisons maintenant dans notre propos un attribut amené par le verbe « être » ou par un de ces verbes (« rester », « devenir », etc.) qui tirent derrière eux des attributs au bout d'une laisse. Ah, ah. C'est là qu'on se mélange, comme on se plaît à dire dans *L'Equipe*, les pédales. Voyons un peu.

La forme veut qu'on écrive « On est perdu ». Même si « on » représente cinquante gros bougres. Ou bougresses. Ça me déplaît.

Il existe bien un amendement à la règle, lequel « permet d'accorder l'attribut ou le participe passé avec le sujet quand " on " désigne clairement une femme ou un pluriel ». Seulement ceci ne concerne que le « on » indéfini. Exemples : « On peut être belle et être bonne. » « On se sent fiers d'être les sentinelles de la civilisation. »

Mais moi qui écris systématiquement « On est perdus » signifiant « Nous sommes perdus », je me prépare chaque fois à un dur combat contre les incorruptibles gardiens de la règle, à savoir clavistes et correcteurs.

Il y a deux logiques. Celle de la forme, celle du sens. La forme, c'est-à-dire la grammaire, doit être au service du sens, c'est-à-dire de ce que veut dire celui qui parle. Ou alors, c'est Ubu roi. Que dit le sens? Il dit qu'un certain nombre d'individus, dont celui qui parle (ou qui écrit) est le porte-parole, racontent ce qui leur est arrivé. Ce cas de figure est bien typiquement celui qu'on range sous la rubrique « première personne du pluriel » et qui s'exprime ordinairement par le pronom personnel « nous » sujet. Donc, nous sommes, on est, plusieurs. Donc, l'adjectif attribut doit porter la marque du pluriel, ou du féminin pluriel, selon le cas. Où est le problème ? Dis, la claviste, dis, le correcteur, où est le problème ?

D'ailleurs, les chipoteurs qui se cramponnent à ce singulier offensant pour la raison se contredisent eux-mêmes quand ils écrivent « On est de beaux salauds ! ». Ecriraient-ils « On est un beau salaud ! » alors que ce « on » est toute une armée ? Bien sûr que non ! Vous voyez bien...

De même, si « on » est un charmant groupe de jeunes filles parties faire un pique-nique, écriront-elles « On est beau » ou bien « On est belles » ? La cause est entendue.

Exemple navrant donné par plusieurs ouvrages très sérieux :

« On était resté bons camarades. » (V. Hugo)

J'en demande bien pardon à Victor, c'est idiot. C'est la délectation dans l'absurde homologué poussée jusqu'au maniérisme, ce qui m'étonne beaucoup de sa part. Mais peut-être a-t-il voulu rire ? C'est qu'il en était bien capable !

« PAS » CONTRE « NE » : K.O. IMMINENT

Plaise ou non, le « ne » négatif disparaît à toute vitesse de la langue parlée. Il faut vraiment se surveiller pour dire « Je ne l'ai pas vu »... « Je l'ai pas vu » vient spontanément aux lèvres[1]. Aux temps de mes studieuses enfances, répondre « J'l'ai pas vu » à l'instituteur nous valait un coup de règle sur les doigts. Dire « Il viendra pas » vous classait aussitôt analphabète et mal embouché. Homme du peuple, quoi. Autant dire voyou.

Les choses ont évolué, comme toujours, « du côté de tant pire » ainsi qu'eût dit ma maman. Mon attachement aux belles vieilles pierres moussues et aux beaux vieux mots à fanfreluches m'inclinerait à le déplorer, mais quand il me faut transcrire du langage parlé je suis bien obligé d'omettre le « ne » des phrases négatives, sans quoi « ça ferait pas vrai ».

L'usage finit toujours par avoir raison, toujours, même s'il a tort. C'est d'ailleurs pour cela que nous parlons aujourd'hui français et pas bas-latin. L'usage est en train d'escamoter le « ne », il le gomme avec ardeur, il n'en restera bientôt plus trace, et il faudra bien que l'écrit suive le parlé, à regret et cahin-caha, comme il fait toujours.

Ceci n'a l'air de rien, pourtant il se passe là quelque chose d'assez paradoxal, qui donc ne peut manquer d'éveiller l'attention charmée de l'observateur pensif. Ecoutez voir.

Le véritable mot négatif français, qui à lui seul marque complètement la négation et, glissé entre le sujet et le verbe, suffit à transformer une phrase affirmative en son contraire, c'est notre « ne », aboutissement du latin « non » qui remplissait la même fonction. Dans toutes les langues issues du latin (et même, plus généralement, dans les langues dites « indo-européennes », du moins dans celles qu'il m'a été donné d'approcher) cette parti-

1. Qu'on prononcera « J' l'ai pas vu » ou « Je l' l'ai pas vu » (en insistant sur le L), ça dépend du lieu et des circonstances.

cule plus ou moins modifiée suffit en effet à cet usage, à la satisfaction générale : le « non » italien et espagnol, le « not » anglais, le « nicht » allemand, le « nié » slave... Partout et toujours ce « n » initial nécessaire et suffisant, avec, au bout, une petite queue diversement colorée pour faire joli. Bien.

En français aussi. En principe. « Je ne l'ai vu » est tout à fait correct, efficace, et suffisant. On s'en est d'ailleurs contenté, autrefois. Mais... Mais il se trouve que les tendances naturelles et irrépressibles de l'évolution du parler français (en tout cas du parler « d'oïl ») ont peu à peu réduit le « on » de « non » (prononcez « none », et même « neune ») à un « e » muet, ce qui fait que l'on n'entend même plus « neun » ou « neu », mais bien « n' », une pauvre consonne isolée, sans voyelle d'appui, et une consonne sourde, ce qui n'arrange rien. Si bien que l'oreille ne distinguait plus toujours nettement entre « Je mange » et « Je n'mange », entre « L'ennemi attaque ! » et « L'ennemi n'attaque ! »... Source de quiproquos et de fausses manœuvres. La parade fut bientôt trouvée : on renforça la négation en mentionnant la chose niée. Oui, ça a l'air un peu galimatias, comme ça, mais vous allez voir.

Quand on voulait dire « Ça n'avance », pour être sûr d'être bien compris du premier coup, on précisa : « Ça n'avance pas. » D'où sortait ce « pas » ? Eh bien, c'était un pas, tout simplement, un de ces pas qu'on fait en marchant. Je suppose qu'on était d'abord passé par le stade « Ça n'avance d'un pas », et puis qu'on avait, peu à peu, jeté le superflu par-dessus bord pour ne garder que le strict essentiel. Et là, voyez-vous, ce « pas » sonore et claquant sec, alliance d'une consonne explosive et d'une voyelle à bouche large ouverte, ce « pas » rejeté en fin de phrase et portant de ce fait tout l'accent sur lui, ce « pas » éclatant en coup de cymbales levait toute équivoque, on n'entendait que lui, même si l'on n'avait pas entendu le reste de la phrase on savait en tout cas qu'il s'agissait de quelque chose qui ne se faisait pas, d'une, hé oui, négation.

Il y eut d'autres mots de renforcement. « Pas », à l'origine, ne s'appliquait qu'aux déplacements, aux mesures de distance, puisqu'il signifiait, en somme, « même pas un petit pas ». Il y eut aussi « point ». Un point. « Il n'y en a point » : « Il n'y en a même pas la grosseur d'un point, qui est l'objet le plus infime qu'on puisse concevoir. » Il y eut « mie » : « ... même pas une mie (une miette) ». Il y eut « goutte » « On n'y voit goutte. » Il y eut « mot » : « Qui ne dit mot consent. » Il y en eut bien d'autres.

« Pas » a fini par les supplanter tous, sans doute parce que plus sonore. « Mie » s'est longtemps cramponné, surtout dans les campagnes, mais a fini par lâcher la rampe. « Point » ne cède le terrain que pied à pied, il est en principe réservé à des usages précis mais n'est plus guère qu'une marque d'affectation, et même de préciosité, sauf peut-être dans quelques recoins de la France profonde où il a gardé sa verdeur rustique : « Oh, ben, j'en voulons point, dame! » mais même le théâtre de boulevard n'oserait plus faire parler ainsi un comique paysan.

Saluons au passage le cas paradoxal de « personne », dont le sens originel est « quelqu'un » (une personne) et qui, adverbialisé, employé seul ou en tandem avec « ne », signifie exactement le contraire, c'est-à-dire... personne!

J'ai une tendance naturelle à me délecter des exceptions, excentricités et autres espiègleries, ces coquetteries au premier abord agaçantes mais qui donnent du piquant à l'ordinaire. J'aime les verbes irréguliers, ce sont les plus jolis, et aussi les plus marrants. J'aime cette singularité du français qui, pour dire non, veut deux particules séparées par le verbe. Le luxe suprême! Mais voilà que, c'était à prévoir, l'une des deux, étant de trop, dépérit et meurt. Rentabilité avant tout! C'est une grande loi de la nature, on n'y peut rien. La nature veut de l'efficace et hait le superflu. Cela s'appelle la loi de l'économie de l'effort, ou quelque chose comme ça. Sur ce point, la nature est économe jusqu'à la pingrerie.

Pour les amateurs de paradoxes chatoyants, il peut être amusant de noter que c'est le vrai mot grammatical de négation, le « ne » étymologique, qui disparaît au profit de l'intrus, du mot d'appui qui n'a rien à voir, ce « pas » qu'on fait en marchant et qui flanque aujourd'hui à la porte de chez lui ce pauvre « ne » incolore qui l'appela jadis à la rescousse. Ça aussi, c'est une loi de nature. La loi de la plus grande pente. Y a pas de justice.

*

La plus grande pente, certes, mais elle ne plonge pas toujours dans le sens que l'on pourrait croire. Curieusement et, semble-t-il, paradoxalement, alors que, ainsi que nous venons de le voir, dans le couple « ne... pas » la tendance générale est à l'évincement de « ne » au profit du seul « pas » qui triomphe immodestement et prend toute la place dans le lit, il est une circonstance précise où se produit l'effet inverse, c'est-à-dire la survenue d'une double particule négative là où une seule suffisait amplement. Je veux parler du cas de « non pas », monstre à deux têtes, horripilant pléonasme.

« Je l'ai fait, non pas pour moi, mais pour le

bien de tous. » C'est là une faute fort laide, mais tellement répandue désormais que, n'en doutons pas, elle sera bientôt décrétée licite et intronisée avec les honneurs. Pourtant une négation suffit ici, celle-ci ou celle-là, au choix : « ... non pour moi » ou « ... pas pour moi », l'un ou l'autre se dit ou se disent, ainsi qu'aimait à le répéter malicieusement M. Bernadac, mon prof de français de l'E.P.S. de Nogent-sur-Marne.

L'un OU l'autre, mais sûrement pas l'un ET l'autre. « Non pas » sent son rustre. Ou sa tivi. Hélas, le rustre a vaincu, ici comme en bien d'autres lieux. Je suis acculé au baroud d'honneur. Vais-je pleurer pour si peu? Que non pas!

UN PETIT PEU

C'est un truisme que de dénoncer la manie de l'exagération des journalistes. La course au sensationnel, au titre fracassant, incite à « en remettre ». Curieusement, on voit en même temps se développer, surtout au cours de débats télévisés entre journalistes, une tendance spontanée allant carrément à l'opposé : la tendance à minimiser. Un participant prend-il la parole après un autre, il commencera toujours ainsi :

« Je ne suis pas tout à fait de votre avis. Vous avez entièrement raison, mais je pense tout de même un petit peu que... »

A partir de là, à coups de « un petit peu » et de « pas tout à fait », le bonhomme démolit de fond en comble la thèse de son interlocuteur. Au point que lorsqu'on voit apparaître les locutions minimisantes, on attend le coup en vache.

Au fil des jours, l'exemple venant de « haut », cette manie de rapetisser gagne sur le parler de tout le monde. Comme une végétation parasite, elle envahit peu à peu des propos où elle n'a que faire, son rôle de précaution oratoire ou de prise d'élan pour la mise à mort n'apparaissant plus clairement.

« Je vais un petit peu y penser. » « Je pense qu'il faut un petit peu nuancer cette opinion. » « A travers vos ouvrages, on se pose un petit peu la question... » « La danse, c'est un petit peu comme un poème gestuel.'' « Le Français n'est pas tout à fait comme l'Allemand. Il se rapprocherait plutôt un petit peu de l'Italien. « Ce point qui vient peut-être d'être un petit peu évoqué par Jacques Derogy... » « La guerre, c'est assez épouvantable et un petit peu horrible, par certains côtés. »

Qu'on dise « J'ai comme un petit creux » au lieu de « J'ai faim » participe de l'intention délicate de ne pas dramatiser l'impérieux rappel à l'ordre des viscères et même d'apporter une nuance badine à la chose. Par contre, quand j'entends « La forêt équatoriale, c'est un petit peu le poumon de la planète », ce « un petit peu » sème en mon esprit une impression de doute, de mal assuré, qui me donnerait à penser que celui qui parle lance cela plutôt comme une boutade pour frapper les imaginations que comme une certitude scientifique.

Quand le désir d'emphase et le désir de minimiser se rencontrent dans la même petite tête pensante, ça donne des choses du genre un pas en avant-un pas en arrière, assez déroutantes : « Ce qui est assez extraordinaire, c'est que... » et même : « C'est tout de même un petit peu extraordinaire ! »

Attendons-nous à ce que Monsieur l'abbé, au catéchisme, parle de Dieu qui est un petit peu tout-puissant et un petit peu infiniment bon, tandis que Satan serait peut-être pas tout à fait recommandable et un petit peu damné.

Nous entrons dans un monde feutré où l'on marche sur la pointe des pieds en s'excusant d'avance d'oser dire ce qu'on va dire. Adorable...

*

Dans cet univers charmant et ouaté de sollicitude, on est devenu douillet au point d'avoir peur des mots. Il n'y a plus d'aveugles, ni de sourds, ni de boiteux, et pas davantage de manchots ou de culs-de-jatte, mais des mal-voyants, des mal-entendants, des handicapés variés. Toujours la grosse délicatesse de l'imbécile... Pardon, du « mal-comprenant », disait Coluche.

Vous vous rendez compte? Des mots comme « sourd », « aveugle », « boiteux », si nets, si bien sonnants, si français! Ressentis désormais comme des injures, tout au moins des incongruités, des « gros mots »... Ils ont honte de leur langue, les plats coquins! Ils l'estiment vulgaire! Ils veulent faire moins brutal, et surtout plus distingué. « Handicapés »... Que c'est laid! Que c'est bête! On voit poindre le mufle du rustaud endimanché. Mais bientôt ils estimeront « handicapé » lui-même injurieux et alors ils chercheront quelque adjectif encore plus lénifiant. Pourquoi pas « gêné »? Et même « un petit peu gêné »? « Mon beau-frère est un petit peu gêné, on lui a fait l'ablation des deux membres inférieurs. »

*

Bien agaçante est cette façon télé-radiophonique de répondre à une question en feignant de se poser à soi-même une autre question : « Oui. Je vous comprends. C'était effectivement assez délicat. Délicat pourquoi? Eh bien, avant de vous répondre, je vais vous poser moi-même une petite question, petite question qui, vous le verrez, est en rapport direct avec le sujet qui nous occupe... »

TAHISSIENS

Il est difficile d'être conforme, quand on ne l'est pas naturellement. La première fois qu'il me fut donné de me trouver en présence de l'adjectif « tahitien », c'était sous sa forme écrite. Je ne l'avais jamais entendu prononcer. Je connaissais le nom de Tahiti, je lus donc sans malice « tahitien » en faisant sonner le deuxième « t » comme un vrai « t ». Par la suite, quand je parlai des « Tahitiens », je fis rire de moi. On me fit remarquer que c'est « Tahissiens » qu'il faut dire, enfin, quoi, tout le monde sait cela, il y a une règle, enfin, quoi...

J'ai cherché la règle. Il n'y en a pas. Nulle part il n'est prescrit que, devant un « i » suivi d'une voyelle, le « t » doit se prononcer « ss ».

J'ai cherché des exemples contraires. Ils abondent. « Amitié », « pitié », « chrétien », « maintien », « Tiens, voilà du boudin »...

Le recours au latin n'éclaire pas, on ne sait pas trop comment les Romains prononçaient cela. Il semble que la dégradation du « t » en « ss » se soit faite au long de l'histoire par des altérations de hasard. En tout cas, quand un adjectif est formé sur un nom où le « t » sonne haut et clair, il ne devrait pas y avoir à hésiter : « Tahiti » donne « tahitien », « Haïti » donne « haïtien », en conservant aux « t » leur pureté originelle.

J'écris cela sans illusion, pour vous amuser. Je ne descendrai pas dans l'arène pour les beaux yeux du « t ». Et même, lâche que je suis, je prends ordinairement bien garde de ne pas céder à mon impulsion irréfléchie, qui est de dire « Tahitien » avec un « t ». Je hurle avec les loups et fais siffler les deux « s » des malheureux Tahissiens. C'est dur à encaisser, les regards moqueurs, même quand on sait qu'ils ont tort.

Et, tenez : dans leur rage sacrilège de faire siffler les « t » comme des serpents sur nos têtes, ils écrivent sans pitié « Martiens », alors que ces hypothétiques petits hommes verts, originaires de la planète Mars, n'avaient besoin de nul « t » dévoyé pour être des Marsiens.

D'AUTRES AGACERIES

DE L'IMPARFAIT DU SUBJONCTIF

On groupe sous le terme générique et nettement péjoratif d'« imparfait du subjonctif » plusieurs temps de la conjugaison française présentant tous la particularité pittoresque d'arborer un accent circonflexe quelque part ou des terminaisons cocasses du genre « osassions, assassinassiez ». Ces temps sont : le passé simple, le passé antérieur, le conditionnel passé deuxième forme, le subjonctif imparfait et le subjonctif plus-que-parfait.

Personne n'a jamais su à quoi servent ces objets. Ce qui suit est donc une révélation dont vous aurez la primeur au péril de ma vie :

L'imparfait du subjonctif n'est strictement employé que dans les discours de réception à l'Académie française, qui sont composés avec l'aide de vieux instituteurs d'autrefois (en voie de disparition, hélas). Seuls, les académiciens français ont le droit de les introduire dans leurs œuvres, et seulement lorsqu'ils sont revêtus du grand uniforme, épée au côté, mais aucun jusqu'ici ne s'y est risqué, car l'erreur exigerait le suicide immédiat du fautif, par la voie du hara-kiri pratiqué au moyen de l'épée qui leur a été remise précisément pour cet exclusif usage.

Prononcer simplement les mots « imparfait du subjonctif » dans une assemblée cultivée déclenche immanquablement un fou rire général.

Les Français sont très fiers de posséder un imparfait du subjonctif.

DÉCIMER

Au fil des siècles, le sens que nous attachons aux mots évolue généralement dans la direction de l'amoindrissement, de l'affadissement. Prenons l'exemple bien connu d'« étonné », qui signifiait, encore au temps de Voltaire, « être frappé par la foudre », ce que nous exprimerions aujourd'hui par « foudroyé », au sens littéral du terme. Si bien qu'une permanente surenchère dans l'exagéré doit pourvoir au remplacement par le haut des mots en dévaluation chronique.

Il est cependant un verbe qui a évolué en sens contraire, chose remarquable. C'est « décimer ».

« Décimer », à l'origine, était un terme du langage militaire. Dans les légions romaines, et dans d'autres armées par la suite, une unité qui s'était mal comportée devant l'ennemi pouvait être punie de la décimation. On faisait aligner les gars sur un rang, on ordonnait « Comptez-vous par dix. Chaque dixième homme, un pas en avant ». Et puis, tous ces dixièmes-là, on les fusillait, ou on leur coupait la tête, enfin, bon, on procédait comme il était d'usage de procéder à l'époque concernée.

Donc, « décimer », c'est sacrifier un homme sur dix. Dix pour cent de perte constitue un bilan plutôt modeste. Or, aujourd'hui, surtout dans les journaux et à la télé, on emploie systématiquement « décimer » pour donner à entendre que la quasi-totalité de l'effectif a été détruite. On attache à

« décimer » une connotation terrifiante. Un troupeau « décimé » par la maladie est un troupeau qui n'existe plus. Quand un réseau de résistance a été « décimé » par l'ennemi, tous ses membres ont été tués ou capturés.

Entendu à la télé : « Des familles entières ont été décimées. » (Claude Chabrol).

Ce glissement de sens est d'autant plus regrettable que, dans « décimer », il y a « dix », comme dans « décilitre », et « décimètre ». Si j'osais une mauvaise plaisanterie, je dirais que « décimer » est un sous-multiple d'« anéantir ».

Mais, justement, pourquoi ne pas dire « anéantir » quand on veut annoncer une destruction quasi totale? De plus, le mot est expressif, il résonne avec une emphase lugubre, il contient « néant », un mot terrible, béant sur l'angoisse du vide absolu.

Il y a aussi « exterminer », qui entrechoque ses consonnes éclatantes en un chaos de mort et de hurlements, infiniment plus parlant que le glissant « décimer ».

On peut aussi écrire, tout simplement, « détruire ». Mais cela sonne bien modestement.

RÉALISER

Le triste cas de « réaliser » est un exemple typique de la détérioration et de l'appauvrissement du vocabulaire français et, à travers lui, de la façon de penser française.

Ce verbe sans malice signifie proprement « rendre réel », « faire passer du projet à l'existence ». Depuis la malencontreuse affaire Law, ce sens s'était étendu, en jargon de finances, à l'opération qui consiste à convertir des biens divers en espèces.

Cependant, en Angleterre, puis aux États-Unis,

l'honnête verbe français, devenu « to realize » avec le même sens, avait poussé un rameau dans une direction toute différente. Dans cette seconde acception. Il en était arrivé à signifier « se rendre compte », « comprendre », « mesurer pleinement l'importance de quelque chose ». Les barbouillés d'anglais de collège n'ont pas manqué d'exalter ce nouvel aspect, tellement plus flatteur puisqu'anglo-saxon. Propulsé avec ferveur par la presse et par tout ce qui s'adresse au public, « réaliser » est désormais toujours employé avec cette signification, au point d'être devenu un tic de langage populaire, voire un rien trivial. « Non, mais, tu réalises? » a pratiquement éliminé « Tu te rends compte? »

Et, conséquence prévisible, c'est l'emploi de « réaliser » dans le sens de « réaliser un projet » qui est devenu suspect. On subodore qu'il y a là quelque part quelque chose de pas très catholique, on ne sait plus trop quoi, alors on se méfie plutôt du sens le moins souvent utilisé. Et l'on dit : « Concrétiser un projet. » Les monstres engendrent les monstres.

C'est Abel Hermant, je crois, qui, s'étant fait objecter par une dame se croyant futée que « réaliser », vieux mot français revenu chez lui après un détour par l'étranger, s'était enrichi d'un sens nouveau et qu'il fallait bien plutôt s'en réjouir, répondit qu'à ce compte-là nous devrions réintroduire avec son sens nouveau « délicatesse », lequel, passé en Allemagne, signifie « charcuterie ».

SOPHISTIQUÉ

Autre exemple entre mille de la perte par un peuple du sens de sa propre langue : « sophistiquer ».

Ce verbe forgé sur le grec, qui signifiait à l'origine « pratiquer les raisonnements de la sophistique, qui est l'art d'utiliser des arguments faux en leur donnant l'apparence du vrai », en était venu à désigner deux notions distinctes.

L'une était « raisonner avec une subtilité excessive », autrement dit « couper les cheveux en quatre », l'autre « frelater, falsifier, altérer par des mélanges interdits par la loi : un vin sophistiqué est un vin frelaté ».

Là encore, l'anglomanie a frappé. « Sophisticated » s'applique à tout ce qui est compliqué, orné, chargé, nous dirions « chichiteux ». De là, le sens s'est étendu à ce qui est riche en perfectionnements.

« Sophistiqué » connaît chez nous une vogue insensée. Il a tout envahi, chassant de leur place bien établie un bataillon de participes passés et d'adjectifs qui remplissaient jusque-là leur fonction à la satisfaction générale. Vous n'entendrez jamais l'homme ou la femme dans le poste dire que telle nouvelle voiture, telle fusée, telle arme est perfectionnée. Non, elle est « sophistiquée » : « Un catamaran hautement sophistiqué... »

Ne refusons pas les mots nouveaux quand ils répondent à un besoin. Mais « sophistiqué » n'est pas nouveau, et il ne répond à nul besoin. De plus, il a déjà un emploi ailleurs, qui va tomber en désuétude. On l'emploie à tort et à travers au lieu de verbes qui, eux, avaient un sens précis. Le langage y perd en efficacité, le message prend du flou... Mais il gagne en emphase, car « sophistiqué » sonne dans les résonances haut de gamme... Ne serait-ce pas là le but inconsciemment visé?

Il peut être amusant de noter que « sophistiqué », dont chacune des acceptions traditionnelles, que ce soit l'excessif raffinement du discours ou la falsification des marchandises, véhiculait une intention nettement péjorative, a pris dans son nouvel emploi une connotation flatteuse.

Mais que sont devenus « perfectionné », « compliqué », « recherché », « habile », « étudié »... ? Mais où sont les neiges d'antan ?

ETC.

« Etc. » dit la règle, s'écrit sans points de suspension à la suite. Ah bah ? J'insiste, insiste la règle. Vous commettriez là une bévue de l'espèce pléonasmatique. En effet, « etc » signifie à lui seul « et ainsi de suite », ce que les points de suspension suggèrent également.

Et moi réponds-je à la règle, je dis que cet « etc » tout sec rate son effet. « Etc » finissant a besoin de se diluer dans cette fuite des trois petits machins vers les lointains brumeux. Ils prolongent visuellement jusqu'aux insaisissables infinis l'énumération commencée...

Enfin, bon, soyons un peu poètes, quoi !

QUE ME VAUT...

« Que me vaut l'honneur ? »

Vous entendez ça tous les jours. Moi aussi. Qu'est-ce que ça veut dire ? En bonne et honnête logique, on pourrait l'expliciter ainsi : « Que m'a fait gagner mon honneur ? Quelle récompense me vaut-il ? » Bien sûr, vous savez parfaitement que l'homme qui vous accueille par cette phrase elliptique a voulu dire : « Qu'est-ce qui me vaut l'honneur ? » (sous-entendu : « ...de votre visite »). Pourquoi alors ne le dit-il pas ainsi ? Parce qu'il a l'impression que ce « Qu'est-ce qui » est incorrect. Ça lui sonne faux à l'oreille. Encore un qui, égaré dans la jungle des « Dites » et « Ne dites pas », a perdu le sens de sa propre langue. Ce ne serait pas alarmant si ce n'était le fait que de quelques semi-instruits qui veulent faire du genre. Mais voilà que cette bien laide chose est en train d'accéder à l'universalité. Des gens du meilleur monde parlent comme ça. Ça les classe, et pas tout à fait à la hauteur qu'ils briguent.

Cette malheureuse expression vaut qu'on s'y arrête, car elle accomplit le tour de force de cumuler deux agressions, une contre le sens, une contre le visiteur ainsi accueilli. « Que me vaut l'honneur... ? » s'écrirait, pour bien rendre l'intonation et l'intention, avec des points de suspension, car c'est une phrase tronquée, qui, ainsi que je viens de vous le dire, devrait se terminer par « ...de votre visite ? » Une phrase inachevée est méprisante. Elle donne au visiteur l'impression de déranger, d'être reçu en coup de vent... Très désagréable. Elle s'aligne sur le trop usité au téléphone « C'est de la part... ? » qui me hérisse. Ça leur ferait vraiment perdre un temps irrattrapable de dire : « C'est de la part de qui ? »

Tout cela me rappelle une hôtesse d'accueil, par ailleurs charmante, qui s'exprimait ainsi : « Qu'est-ce que désirez-vous ? Ça rejoint les « Qu'est-ce que désirez-vous-t-il ? » de Coluche.

MOIPERSONNELLEMANJ'

Un étranger écoutant la télévision ou la radio française est vite convaincu que le pronom personnel de la première personne du singulier n'est nullement « je », ainsi qu'on le lui a enseigné, mais bien « moi personnellemanj' ». En effet, chaque fois qu'est posée une question, par exemple : « Que pensez-vous de... ? » la réponse commence ainsi :

« Moi, personnellement, je... » L'étranger en déduit que le pronom « je » a disparu, récemment sans doute puisque ses manuels n'en parlent pas. Il conclut en se remémorant ce précepte bien français : « Pourquoi faire simple quand on peut faire compliqué ? »

AU PLAN

Entendu dans le poste l'ami Pierre Perret révéler « ...au plan financier, j'ai eu de gros problèmes ». Ça lui est sorti tout naturellement, et c'est bien ça qui est grave. Il ne lui serait même pas venu à l'idée de dire simplement « J'ai eu des ennuis d'argent », ou même « J'étais raide comme un passe » (ce qu'on attendrait plutôt de sa part).

Eh oui, la hideuse langue de bois n'épargne pas les meilleurs d'entre nous. Elle nous guette, la sale, tapie au coin du moindre de nos propos, et c'est pour parler simplement qu'il nous faut être vigilants.

GLAUQUE

« Glauque », qui signifie « d'une belle couleur verte nuancée de bleu », s'est perdu en route et a décidément pris le sens erroné mais hélas consacré de trouble, sale, répugnant et, au moral, de carrément immonde. Sans doute à cause de son « gl » initial qui se rattache à des sensations tactiles désagréables qu'exprime fort bien ce même couple de consonnes dans « gluant », « glaireux », et dans le trivial mais si efficace « glaviot » ? En tout cas, le jour où, fier de mon vocabulaire érudit, j'ai fait compliment à une superbe créature de ses beaux yeux glauques, elle me toisa bizarrement, et je sus plus tard qu'elle était allée demander à un vieil ami pourquoi je prenais plaisir à comparer ses yeux à des mares d'eau croupie.

ACRE

Qui sait encore faire la différence entre « âcre » et « âpre »? Ne répondez pas tous à la fois.

RENTRER

« Entrer » n'en a plus pour longtemps. Passera-t-il seulement l'hiver? « Rentrer » triomphe sur toute la ligne, sauf peut-être pour « entrer à l'X », « entrer en religion, à l'Académie française... » Est-ce l'influence de la « rentrée » des classes? Est-ce grave, docteur? Après tout, « aujourd'hui » est bien plus monstrueux, puisqu'il unit « jour » et « hui », qui signifient la même chose. Certains ont même besoin d'une certitude supplémentaire et vous assènent « au jour d'aujourd'hui ». A la télé, on prononce systématiquement « aujôrd'hui », incongruité qui vous valait jadis un rappel à l'ordre de l'instituteur. Mais, chez ces gens instruits, ce doit être la conséquence d'un vœu. Ou d'un pari, peut-être.

DEUX RONDS DE FLAN

Est-ce mon attirance – morbide? – pour l'archaïsme qui me fait regretter que certaines tournures machinales – certains clichés, si l'on veut – ne soient plus employées, ni comprises? « Plût au ciel! » me ravit. « A Dieu vat! » me ferait déplorer mon athéisme. « Advienne que pourra »... « Sur le pouce » n'est-il pas merveilleusement évocateur? On cherche, en haut lieu, un équivalent bien de chez nous pour « fast food ». Eh, le voilà tout trouvé! Appelez vos usines à bouffe des « sur-le-pouce », ce sera bref et, en prime, joli et drôle.

Qui sait encore que les deux ronds de flan de « en rester comme deux ronds de flan » n'ont rien à voir avec des cercles, ni avec des flancs? Mais qu'il s'agit de deux sous de flan, de ce flan qui tremblote et qui fleure si bon la vanille, dont la portion coûtait, il y a bien longtemps, deux sous, c'est-à-dire dix centimes « anciens ».

MAJESTÉ

Ce sont les films américains à sujet historique qui ont, je crois, lancé la mode. S'adressant au roi, le chevalier (ou le chambellan, ou le général, ou la belle roturière...) l'interpelle en ces termes : « Majesté, vous devriez (faire ceci ou cela)... »

Terrible erreur! Crime de lèse-majesté! On n'interpelle pas le roi, on ne lui parle pas à la deuxième personne, fût-elle du pluriel! Pour attirer l'attention du roi, on met en apposition le terme consacré « Sire ». « Majesté » ne s'emploie que précédé de « Votre », et seulement comme sujet du verbe conjugué à la troisième personne du singulier : « Sire, que Votre Majesté daigne m'écouter. Peut-être serait-il bon qu'Elle fasse (ceci ou cela)... »

De même, à un prince, on ne lance pas « Altesse, vous êtes en danger! » mais bien « Monseigneur, Votre Altesse est en danger! »

De même, à un prélat ne dit-on pas « Eminence, etc. » mais « Monseigneur, Votre Eminence, etc. » Nous sommes en république, la Nuit du 4 Août a raboté ces fariboles, mais quand on fait dans l'histoire, et qu'on dépense si gros pour l'authenticité des costumes, du décor et de tous les accessoires, on peut aussi veiller à l'authenticité dans le discours, ça fait bon effet et ça ne coûte pas cher. Relisez le cher Alexandre Dumas, ce n'est pas lui qui se serait permis de telles erreurs.

ON SE FAIT

« Cette année, on se fait la Yougo. L'an dernier on a fait les Bahamas, à Noël on a fait Tahiti... »

Horrible, ce « faire ». Je vois le beauf' en famille, bide en avant, chemise à fleurs, cuisses poilues, nikon en bataille, traînant sa viandasse dans les rues de Hong Kong ou sur le Pain de Sucre de Rio, comparant les mérites de la paella qu'il est en train de roter au bœuf bourguignon comme on ne sait le faire qu'en France...

*

« Il se considère un être à part. » « Je le tiens un imposteur. » Au lieu de « Il se considère comme un être à part » « Je le tiens pour un imposteur ».

C'est peut-être plus court, on gagne une syllabe, en ces temps d'« efficience » ça n'a pas de prix, mais on perd en précision, on tombe même dans le galimatias. Bien sûr, on comprend, il y a le contexte. Mais, strictement parlant, qu'est-ce que ça veut dire ?

CADENCES

Encore un propos qui va commencer par « Quand j'étais petit... » J'en demande bien pardon à l'honorable assistance.

Quand j'étais petit – enfin, pas trop petit, quand même, disons entre dix et seize – on me faisait étudier les classiques. On avait commencé par La Fontaine, on avait continué avec Corneille,

Racine, Hugo et toute la bande. Ces gens écrivaient en vers, on eut soin de nous le faire remarquer. Les vers sont des lignes avec une majuscule à un bout et une rime à l'autre bout. Cela se voyait d'ailleurs à l'œil nu. Ce qui se voyait moins spontanément, c'était la mesure. Un vers, nous expliquait patiemment le maître, ça rime, certes, mais aussi ça danse. Car, ajoutait-il finement, ça possède des pieds. Nous ne manquions pas de rire servilement, même à la douzième fois qu'il nous la servait. Nous n'aurions voulu lui causer nulle peine. Il exigeait que nous marquions la cadence. Que nous comptions les pieds sur nos doigts (J'attrapai deux heures de colle pour avoir demandé « Sur nos doigts de pieds ? »). Les « e » muets, il fallait tantôt les faire sonner, tantôt les escamoter, ça dépendait du nombre de pieds et s'ils étaient suivis d'une consonne. « Pied » lui-même pouvait se déclamer « Pié » (une syllabe) ou « Pi-yé » (deux syllabes). Et donc, nous récitions :

« C'était pendant l'horreur d'uneu profondeu nuit. »

Nous prononcions distinctement ces deux « eu », puisqu'ils comptaient dans le nombre de pieds, toutefois sans insister, en glissant légèrement, sans quoi, disait le prof, nous aurions l'air « d'êtreu deu Marseilleu ». « Nuit » comptait pour une syllabe, cette fois-là.

C'est là, à l'école, que j'ai appris à sentir, à aimer la poésie, n'en déplaise à la mode nouvelle qui veut que tout ce qu'on a appris à l'école vous en ait dégoûté à tout jamais. Sans école, comment et où serais-je jamais entré en contact avec la littérature, entre autres choses ? Bon. J'aimais les vers, pas tous également, bien sûr, mais du moins savais-je – je sais encore – les faire chanter, en découvrir le rythme viril ou subtil et, si j'ose dire, l'état d'âme... Et j'en viens à ma grande colère.

Voici que, depuis déjà pas mal d'années, il est d'usage, il est chic, il est mode, il est moderne, il est nouvelle vague... de dire les vers comme si ça n'en était pas. D'avaler les « e » muets. D'ignorer les diérèses. D'escamoter les pieds. De ne pas faire sonner les hémistiches.

« C'était pendant l'horreur d'un' profond' nuit. »

Voilà comment qu'on cause! La Comédie-Française en tête, hélas.

Au nom de quoi? De la « poésie-vérité »? Du réalisme? Mais on n'a pas le droit! Mais si les vers vous gênent, déclamez de la prose! Savez-vous le soin, l'amour, le travail, et la fièvre, l'ardente fièvre du génie en action, qui entrent dans un poème? Sentez-vous ce que l'auteur y a mis, le sentez-vous? Aplatir des vers, quel crime, quelle bêtise! Pourquoi aussi ne pas parler l'opéra? A quoi bon s'embarrasser de musique? Seule compte l'histoire racontée, n'est-ce pas? Quand j'entends massacrer des vers, car c'est bien de massacre qu'il s'agit, j'entre en telle rage qu'il me faut sortir sur-le-champ, je finirais par éclater, devant le monde vaut mieux pas.

La poésie, plus précisément la prosodie française, a ses rites et ses contraintes, qui ne sont pas décrets de fantaisie ou volutes surajoutées, mais bien conséquences impératives de la nature même de la langue. Le français est peu accentué, son accent tonique, peut-être unique au monde, qui se place sur la dernière syllabe sonore et laisse mourir la syllabe non sonore (« e » muet), sa tendance à rejeter l'accent de phrase sur le dernier mot, l'ont conduit à exagérer l'importance de la rime, repère et appui pour le rythme, puisque celui-ci n'est pas, comme dans d'autres langues, scandé fortement par l'accent tonique. C'est justement parce que le vers français ne se scande pas « tout seul » qu'il faut l'aider et être très attentif au rythme.

« Ma commèr' la carpe y f'sait mill' tours. »

« Du fond d' l'horizon des étoil' nouvelles. »

Ça ne vous fait pas souffrir ? Alors, tout va bien. Les poètes ont eu bien tort de se donner tant de mal... La poésie moderne ne procède pas ainsi. C'est son droit. Chercher de nouveaux moyens pour émouvoir, quoi de plus louable ? Mais ce qui fut composé suivant les canons anciens doit être dit tel que le voulut l'auteur. Lui seul est le maître de son œuvre. Bas les pattes ! On ne tripatouille pas.

Il y aurait aussi pas mal à dire sur les metteurs en scène qui, au lieu de se mettre humblement, comme c'est leur devoir, au service d'une œuvre, ne savent qu'inventer, fût-ce absurde, fût-ce risible, pour « innover », « renouveler », « dépoussiérer » – ce sont les mots consacrés –, et inscrire sur l'affiche leur nom plus gros que celui de l'auteur... Mais ceci n'est pas notre propos.

AH, LA VACHE !

« Vache », « vachement », ont eu un long succès populaire. C'étaient les comparatifs à tout faire. Je reconnais qu'ils ne procédaient pas d'une distinction très relevée ni d'une intelligence flamboyante, mais ça fleurait bon la communale, la cour de récré et les doigts pleins d'encre. « Saoul (plein, bourré) comme une vache », « malade comme une vache », « fatigué comme une vache », « pleurer (gueuler, râler, etc.) comme une vache », « jouir comme une vache », « souffrir comme une vache »... Et ce « Ah, la vache ! », superlatif d'admiration suprême (ou d'indignation, c'était selon), sans oublier l'adjectif « vache » qui pouvait vouloir dire méchant, salaud, cruel, avare ou simplement pas gentil, très commode pour exprimer une déception relativement supportable. « Un vache de mec » était, paradoxalement, un type formidable. C'était hier encore...

SIGLES

Un étranger, très au fait de la langue française mais n'ayant jamais encore séjourné en France, visite notre beau pays. Il sait qu'en français l'endroit où s'arrête le train s'appelle la « gare », alors il cherche la gare. Il voit au coin des rues des écriteaux chargés de diverses indications. Aucun cependant ne porte le mot « gare ». Il y en a bien qui disent « S.N.C.F. », mais notre étranger, qui pourtant était le premier de la classe de français en ses studieuses années, ne connaît pas ce sigle, et comment soupçonnerait-il que ces quatre majuscules puissent avoir un rapport quelconque avec la locomotion ferroviaire?

Si maintenant notre sympathique et francophile étranger veut envoyer à sa famille des cartes postales enthousiastes, il doit se rendre à la poste. Il cherche donc l'indication « Poste » et ne la trouve pas davantage que tout à l'heure la gare. Comment le malheureux pourrait-il imaginer que « P.T.T. » est ce qu'il cherche?

La France a donné la poste au monde. Partout, dans toutes les langues, c'est le mot français « poste », plus ou moins accommodé aux façons locales, qui désigne l'organisme chargé du courrier. Eh bien, les Français, eux, rejettent ce mot si simple, trop simple. Les hauts fonctionnaires français ont un souci obsessionnel de la recherche de la dignité par la surenchère dans le pompeux, le compliqué, l'abscons. Ils ne pouvaient se satisfaire de cette simplicité, alors ils lui ont préféré les lettres initiales de « Postes, Télégraphes, Téléphones », qui est la lourde dénomination officielle de l'administration concernée.

Et voilà pourquoi nous avons « P.T.T. », alors que partout dans le monde triomphe la poste (posta, post-office, Postamt, potchta...). Savez-vous qu'en russe « facteur » se dit « potchtalione », qui est la transposition de notre « postillon »? Pendant ce temps, chez nous, toujours par ce sacré souci de dignité mal comprise, on change le facteur en « préposé[1] »...

L'existence et l'usage courant des sigles démontreraient qu'un peuple n'a nul besoin de repères étymologiques, de racines ni de « liens familiaux » entre les mots qu'il emploie, nul besoin d'une langue cohérente, en somme. La « Essènecéhef », la « Eratépé », la « Cégété », la « Céhéftécé », sont réellement les mots d'une langue synthétique, absolument arbitraire, et ça marche!

J'aimerais savoir comment on prononce « C.I.P.C.R. » si on ne veut pas épeler lettre par lettre. Et quand j'entends à la télé parler de « M.S.F. », je dois faire un effort pour me rappeler « Médecins sans frontières ». Mais je suis spécialement peu doué.

Les sigles, très vite, vivent leur vie. Je veux dire qu'ils perdent, dans l'esprit de qui les emploie, tout

1. A peu près partout, l'insigne de la poste est un modeste cor de chasse stylisé, symbole international évoquant la corne d'appel du postillon qui, jadis, transportait le courrier. Nos décideurs français, toujours soucieux de se singulariser et de faire plus chic que tout le monde, ont choisi cette espèce de flèche de papier qui file vers on ne sait où, dynamique en diable, d'une esthétique d'avant-garde de prisunic. Toujours cette confusion entre l'outré et le moderne, toujours ce goût du clinquant... C'est triste à dire, les objets de tous les jours conçus par les esthètes de l'industrie sont en France d'un mauvais goût qui ne dissimule pas la qualité camelotée.

contact avec leur formule de référence. Un « C.H.U. » est un « chu », un point c'est tout, et à quoi bon se rappeler que cela est mis pour « Centre hospitalier universitaire ? » D'autant que ce « c », qui sonne « s » dans « centre », sonne « ch » dans « chu », à l'inverse de ce qui se passe ordinairement, où le « c » de « chemins de fer », qui n'est que la moitié d'un « ch », se prononce « sé », par exemple dans « S.N.C.F. »

Le langage des sigles suppose une initiation. Il est donc le contraire d'un outil universel de communication. A moins que tout le monde ne soit initié. Auquel cas il devient une sténographie. Il reste encore à en faire de la poésie.

NE FAITES JAMAIS CE MÉTIER-LA !

En France, le métier des lettres jouit encore d'un haut prestige. Pas comparable, bien sûr, à l'adulation qu'on voue aux monstres sacrés du rock, du tennis, du cinéma ou aux animateurs de la télé. Mais quand même...

Le prestige de l'écrivain est d'autre nature. L'homme de la rue le situe d'instinct dans des sphères plus raffinées, plus austères... Plus intimidantes. Plus tasse de thé, si vous voyez. C'est que, là, on touche à la quintessence de la Culture, à l'Intellectualité même. L'homme de la rue sent que ce n'est pas le lieu où idolâtrer. Il renifle, il tourne autour, son élan d'admiration est freiné par un respect non dénué de méfiance. Il place l'écrivain quelque part entre le chanteur « intello » et le « savant », entre Brassens et le Professeur Schwartzenberg. Même celui qui jamais n'ouvre un livre est impressionné par l'écriture, c'est peut-être tout ce qui lui reste de ses années de collège et de morceaux choisis commentés.

Mettre son nom sur la couverture d'un livre, si possible d'un best-seller, est le rêve suprême. De la manucure au champion de boxe, de l'homme politique dans le vent à la chanteuse disco sur le retour... La manucure a bien peu de chances de se voir publier, sauf si ses charmes persuadent de son talent un monsieur réellement influent dans le monde de l'édition. Le boxeur, le politicien et la chanteuse seront édités, avec leur nom imprimé trois fois plus gros que le titre de l'ouvrage. Commencez par vous hisser au premier plan, peu importe la spécialité pourvu qu'on voie régulièrement votre gueule dans *Paris-Match* et sur les petits écrans, le monde des lettres vous accueillera à bras ouverts. Que dis-je ? Il viendra vous solliciter à domicile, vous supplier, vous n'aurez aucun souci à vous faire, rien à changer à vos occupations, et surtout pas à écrire une ligne, il y a des gens payés pour ça, signez là, au bas du contrat, oui, c'est tout.

*

Pourquoi cette rage d'écrire, ou plutôt d'être publié ? Oh, pour les besogneux, le désir bien naturel de s'arracher à l'usine ou à la boutique de coiffeur... ou au chômage, exactement comme d'autres cherchent l'évasion par le football professionnel, la boxe, le tennis, le groupe rock. On était bon en rédac à l'école, on sent en soi bouillonner des choses, on a tant et tant à dire... Dans le cas des gens « arrivés », il s'agit évidemment de tout autre chose. Il semble qu'une réussite ne serait pas complète sans la consécration littéraire. On a conquis la gloire avec ses poings, on veut que le monde sache qu'on a aussi une tête, que si l'on avait voulu... Et puis, il y a le Message. Très, très important. Quel homme arrivé n'a senti le mordre au cul le dévorant prurit du message à délivrer à l'humanité gémissante ? Ne serait-ce que pour révéler combien on l'a mérité, ce succès, et en donner généreusement la recette inédite (travail acharné, foi en soi, amour du public, don total...). Quel chanteur à canotier n'a senti l'irrépressible besoin de livrer au monde ses méditations sur les fins ultimes de l'Homme?... Et puis, si le livre marche, il y a du fric à gagner, encore un peu plus de fric, ce n'est jamais à négliger. Or, quand on a d'avance un Nom, le livre marche, pas de problème, le public est déjà chauffé, les tout-puissants médias sont à vos pieds, trop contents.

*

Chacun croit savoir écrire. Chacun a appris à écrire. C'est même une des toutes premières choses qu'il a apprises, aussitôt après marcher et parler. Chacun sait marcher, et même courir, cependant il ne viendrait à l'idée de personne de s'improviser de but en blanc champion du cent mètres ou du marathon. On admet volontiers que, pour exceller dans ces disciplines, il faut un « don » initial, et puis des années de travail intensif et une astreignante discipline de vie.

L'écriture fait moins peur. Elle va de soi, n'est-ce pas, comme la parole. On a vécu des choses, on les a ressenties comme personne auparavant ne les avait ressenties, on a sur les événements, les gens, la vie des idées originales, limpides et pressantes, tout cela se bouscule pour sortir, on veut ouvrir grande sa fenêtre et le crier au monde, on veut, eh oui, communiquer.

Or, sentir est une chose. Faire sentir en est une autre.

Et là prend place le don, le talent, appelez ça comme vous voulez, et le travail de l'écrivain. Convaincre l'Autre, le lecteur, faire résonner en lui à l'unisson ses propres sentiments, son émotion, sa peur, son horreur, son attendrissement... Très, très dur. Et très gratifiant, c'est vrai, quand tu y parviens. Exaltant, voilà. Mais que d'heures stériles, ravageuses, de désespoir solitaire.. Quand l'idée juste se dérobe, quand la phrase reste plate et ne convainc pas, quand les mots refusent d'accourir, quand l'intime bouillonnement ne trouve pas le chemin du papier... Ne croyez pas que je parle ici de recherche éperdue du sublime, de la formule rare, suprêmement originale. Non, non. Le difficile, c'est justement la sobriété, l'expression juste, en mots simples, mais qui rendent exactement ce qu'on veut rendre, qui mettent le lecteur dans l'état où on veut l'amener, pieds et poings liés.

Ecrire simplement, écrire « spontanément », est certes la plus ingrate façon d'écrire. Le lecteur ne s'en doute pas, et ne doit pas s'en douter. Cette torture ne ressort pas à la lecture, parce que c'est là justement le signe même de la réussite : que l'écriture semble couler de source.

J'évoquais la manucure qui n'a que bien peu de chances d'être un jour publiée. Je n'ai aucun a priori contre les manucures, ni contre les « humbles », comme on disait au temps de George Sand, qui prennent sur leurs heures de sommeil pour nourrir leur rage d'écrire et leur rêve de percer. Il y a parmi eux, c'est forcé, de par la loi des grands nombres, d'incontestables talents, peut-être les nouveaux Rimbaud, les nouveaux Céline, qui rénoveraient l'art d'écrire, balanceraient le grand coup de pied dans la fourmilière... Hélas. Ils n'ont pratiquement aucune chance.

*

Ecrivain, ce n'est pas un métier.

Non, non, je le dis sans ironie. Cette phrase est à

prendre au pied de la lettre (pardon pour le calembour, je ne l'ai pas fait exprès).

Tous les écrivains français ou presque (les exceptions se comptent sur les doigts des deux mains) sont des écrivains du dimanche.

Je ne sais pas comment ça se passe ailleurs, en France, c'est comme ça. Un écrivain français a toujours un autre métier, moins éclatant, mais qui est son VRAI métier, celui qui fait bouillir la marmite et assure la soudure. Ce métier sera, le plus souvent : journaliste (le fin du fin : critique littéraire !), attaché à une maison d'édition en qualité de lecteur, de conseiller littéraire, de directeur de collection ou d'enseigne culturelle honorable (Queneau chez NRF), scénariste ou dialoguiste pour le cinéma et la TV, concepteur publicitaire, enseignant, diplomate, correcteur d'imprimerie, flic à la retraite, chanteuse recyclée dans le légume qui guérit ou manutentionnaire chez le supermarché de sa banlieue, ça dépend de sa cote, de son culot et de ses relations.

Même les plus grands noms des lettres sont ceux d'écrivains du dimanche, mis à part, comme je vous disais, une maigre petite dizaine dans laquelle on trouve, bien sûr, les milliardaires de la plume, les San Antonio, les Simenon, les Gérard de Villiers, les Guy des Cars, mais aussi quelques besogneux acharnés, dont je, trop paresseux pour se taper EN PLUS un deuxième turbin et qui préfèrent cahoter au gré des hauts et des bas de ce passionnant mais ingrat métier, sans filet.

Maintenant, pourquoi ?

Parce qu'écrire, à de rares exceptions près, ne nourrit pas son homme, voilà pourquoi. Je vais vous expliquer.

Ou tu es un crack, un champion de la vente, ou tu es un modeste artisan de la chose écrite.

Si tu es un crack, tu produis ce qu'en bon français on appelle des best-sellers. C'est-à-dire que chacun des bouquins portant ton illustre nom sur la couverture se vend à au moins cent mille exemplaires. C'est beau, c'est très très beau. Tu n'as vraiment pas à t'en faire, le loyer de ton trois-pièces sera ponctuellement payé. Oh, ce n'est quand même pas l'avalanche de dollars, rien à voir avec ce que rapporte le vedettariat dans d'autres domaines plus « médiatiques », pour causer comme dans le poste. Il va tomber dans ta poche une centaine de millions de centimes, dont le percepteur te reprendra plus de la moitié, après, cela va de soi, prélèvement des cotisations sociales. Il faudra aussi que tu paies ton agent, tes pointes bic ou tes rubans de machine, enfin, bon, avec le reste tu devras tenir deux ans, c'est l'intervalle imposé par les tout-puissants sacro-saints enfoirés de la critique littéraire entre deux parutions du même bonhomme. (« Un roman par an, c'est trop, proclament ces infaillibles, ça ne PEUT PAS être bon. » Nous en reparlerons.) Cela laisse tout de même de quoi vivre gentiment. Gentiment, sans plus. Disons le train de vie d'un cadre moyennement supérieur.

Mais attention ! Ceci à la condition de pondre un best-seller à tous les coups, flop, comme une brave cocotte pond son œuf. Qui peut être assuré que son prochain bouquin sera un best-seller ? L'engouement du public, ça va ça vient, les emballements des critiques et des responsables télé aussi, tu peux très bien avoir sué et souffert pendant deux ans pour des prunes, à la rigueur pour des miettes. Et les tiers provisionnels te tombent dessus, et les traites de la vieille grange à retaper en Normandie, parce que, naturellement, tu as cru que c'était arrivé, tu t'es endetté grandiose ! Donc, ne pas compter sur le gros tube. Considérer le best-seller comme un merveilleux coup de pot, l'accueillir en sablant le champagne, mais surtout ne pas miser dessus, ne pas établir son budget sur la répétition régulière de ce coup de loto.

Mais, bon, tu ne vises pas si haut, tu n'ambitionnes pas d'être le Victor Hugo du vingt et unième siècle, tu veux simplement faire de belles et bonnes choses, t'y adonner de tout ton cœur, de tout ton temps, et en vivre modestement, en honnête artisan.

Je te le dis tout de suite : ça, ce n'est pas possible, ça.

Entre le tout grand succès et le bide sanglant, il y a la bonne petite vente pépère. Posons un chiffre. Posons trente mille. Trente mille exemplaires vendus, par chez nous, c'est encore très beau, sais-tu? Ça n'est pas donné à tout le monde. L'immense majorité des auteurs français seraient fous de joie s'ils tiraient à trente mille, je ne parle même pas de la vente. Or, à trente mille vendus, une fois les impôts et les menus frais déduits, ça te laisse, sur deux ans, à peu près un S.M.I.C. mensuel. Encore n'es-tu pas sûr du tout d'atteindre un aussi beau chiffre la prochaine fois. Il y a même de fortes chances pour que tu stagnes très en dessous, à moins que tu ne fasses dans un genre qui fidélise une clientèle, comme nous disons dans le commercial. Raconte-nous par exemple année après année l'implacable décomposition de l'U.R.S.S. scélérate et comment elle va voler en éclats pas plus tard que le mois prochain, ça peut te nourrir gentiment tout le long d'une vie. C'est une spécialité, il y a un créneau... Je ne mentionnerai pas les bains de siège panacée, c'est la super gigantesque idée mais qui n'a que peu à voir la littérature proprement dite, bien que ça se vende sous le même emballage et dans les mêmes lieux.

Maintenant, je vais te dire. Je ne citerai pas les chiffres exacts, il faudrait fouiller les statistiques et ça m'emmerde. Je suis embarqué depuis suffisamment longtemps dans ce cirque pour savoir à peu près ce qu'il en est en gros et en détail. La quasi-totalité des livres « littéraires » édités (romans, essais, nouvelles poésie...) se vendent à moins de cinq mille exemplaires. Les succès (au-dessus de dix mille), les beaux succès (de vingt à cinquante mille), les best-sellers (cent mille et au-delà) représentent une infime catégorie, qui va bien sûr en s'amenuisant vers le sommet de la pyramide. Cependant, on édite à tout va des bouquins dont on sait d'avance qu'ils ne feront pas les frais. Est-ce, comme le disent les éditeurs, pour donner leur chance à des talents en herbe? Pourquoi, alors, ne soutient-on pas ces livres par une publicité efficace? Comment s'en sortent-ils, les éditeurs, c'est pour moi le grand mystère, l'interrogation torturante qui me fait toucher du doigt mon infirmité mentale devant tout ce qui est « affaires ». On me dit aussi qu'un seul best-seller laisse un tel paquet de bénéfices que ça permet de risquer le coup sur plusieurs dizaines d'ouvrages presque à coup sûr voués au pilon. Je demande à voir.

*

« Société du spectacle » a dit Debord, au temps où il disait des choses. Dans les lettres comme partout. Il faut créer de l'événement, passionner les foules. Il faut, deux ou trois fois par an, découvrir la merveille suprême. Coup de cymbales chez les critiques – pardon, chez les « chroniqueurs littéraires », le facteur est bien devenu préposé, y a pas de raison... –, c'est la divine surprise, la source vive, le nouveau bébé Mozart. Il annule et ridiculise tout ce qui fut avant lui, sauf Balzac, il faut bien se garder Balzac pour les comparaisons. Chroniqueurs, donc, littéraires de pavoiser, médias de dérouler le tapis rouge, bouche-à-oreille de s'amorcer, boule-de-neige de grossir, jury d'un des Grands Cinq de couronner... Best-seller! Une étoile est née, c'est le début d'une carrière. Peut-être un film se fera-t-il? Très bon, ça. D'abord pour les sous immédiats, et puis, chaque fois que le film passe à la télé, on réapprovisionne les libraires.

Autant vous le dire tout de suite, le scénario de roman-photo ci-dessus résumé ne risque guère d'advenir à la manucure de tout à l'heure. Le prodige nouveau-né sera presque à coup sûr un produit du milieu où arrivent les choses, du bon vieux terreau germanopratin où fleurissent cocktails et vernissages, où les ascenseurs qu'on se renvoie vont et viennent en un fascinant tennis vertical... Vous avez plus de chance d'être découvert chez Castel que dans la boîte aux lettres de l'éditeur... Mais peut-être avez-vous écrit l'œuvre irrésistible qui force les enthousiasmes, arrache les barrières et bouscule les train-train, l'ouragan qui se rit bien des renvois d'ascenseur et autres magouilles de famille? Dans ce cas, évidemment...

*

Si l'on veut avoir au moins une chance d'être lu par l'un des galériens d'une maison d'édition voués à cet ingrat labeur, la première œuvre doit obligatoirement être un roman. Obligatoirement. (A moins que l'on ne soit journaliste, philosophe en vogue, homme de science de quelque renom ou politicien ayant récemment fait parler de lui, auxquels cas, bien sûr, on « fait » dans sa spécialité, mais peut-on appeler ça un début ?) Le postulant à la grisante gloire des lettres n'est admis à déposer sur la table de la dame du téléphone que le manuscrit d'un roman. C'est un gros manuscrit, qu'il a fallu photocopier à un bon nombre d'exemplaires et présenter joliment au moyen d'un de ces ingénieux systèmes de reliure à clips de métal qui font tout de suite déceler le timide manuscrit palpitant d'espoir à travers le papier kraft rembourré. Le manuscrit, après un délai variable, sera accepté, tel quel ou avec réserves, ou bien (plus probablement) refusé en bloc, accompagné peut-être d'un petit mot de justification du refus si l'éditeur est vraiment courtois.

Un roman, donc, et rien d'autre. Un roman, c'est au minimum un travail de deux ans pour quelqu'un qui doit par ailleurs gagner sa vie. C'est souvent aussi le travail de toute une vie. Tout cela sera balayé par le « Non » irrévocable. Irrévocable et, disons-le, la plupart du temps justifié : un manuscrit sur cent vaut la peine d'être pris en considération, soixante-quinze sont carrément ineptes. La plupart du temps, ai-je dit, mais pas toujours. Il peut arriver que des œuvres estimables, et même des chefs-d'œuvre, échappent à la vigilance du lecteur surmené. Mais, bon, il n'y a pas qu'un éditeur sur la place, et un authentique chef-d'œuvre ne peut pas passer dix fois de suite à travers les mailles. En tout cas, une carrière littéraire se joue à tout ou rien : sur un gros premier roman qui a toutes les chances d'être refusé, fût-il plein de promesses.

*

Un roman est un long tunnel. On prend le départ joyeusement, on a son idée, on sait où l'on va, et puis c'est le noir, on patauge, on doute, on ne sait plus, on biffe tout, on désespère, on repart de zéro, dix fois, cent fois... Si l'on tient le coup jusqu'au bout, jusqu'au victorieux « FIN » exhalé en gros soupir, on n'est plus tout à fait le même être que celui qui a pris le départ. Combien de vocations se sont cassé le nez sur cet épais pachyderme, le roman ?

Eh oui, mais c'est le roman ou rien. C'est bien dommage. C'est faire ses premiers pas d'alpiniste en attaquant en solitaire l'Everest par la face Nord. Il existe pourtant un exercice parfait pour faire ses gammes : la nouvelle. Ce bref récit qui peut n'avoir que quelques pages.

La nouvelle est un genre particulièrement difficile. Elle doit condenser en un court espace un épisode qui pourrait nourrir un roman. Elle ne permet pas le moindre ralentissement dans l'intrigue, la moindre rupture de ton. De l'horlogerie de précision. De l'inspiration tout d'une haleine.

La nouvelle est un mets délectable, pour le lecteur, j'entends. Je raffole quant à moi des nouvelles, j'ouvre plus volontiers un recueil d'histoires courtes qu'un gros roman. Je suis persuadé qu'il est des genres qui ne trouvent leur plus belle expression que dans le conte ou la nouvelle, par exemple le policier, la science-fiction. La plupart des romans policiers ou de science-fiction sont bâtis autour d'une idée qui aurait été traitée à la perfection sur la distance d'une nouvelle. On l'étire artificiellement en y surplaquant des épisodes parasites, on y injecte du sentiment, du drame, de l'état d'âme, du cul, quelques fausses pistes, afin d'allonger la sauce jusqu'aux deux cent cinquante pages réglementaires... Hélas.

La nouvelle, genre exigeant, constitue pour le futur romancier le meilleur moyen de se faire les griffes. S'il excelle dans le court récit, que ne fera-t-il pas dans le roman, spécialité beaucoup plus accommodante ! Et la nouvelle constitue en même temps l'occasion facile d'offrir sa chance à moindres frais à un nouveau venu... A condition qu'existent des supports.

Car la nouvelle est maudite. Les éditeurs la fuient comme la peste. Du moins les éditeurs français. De loin en loin, un petit téméraire veut briser la malédiction. Il tente l'aventure, lance à grand fracas une collection de nouvelles. Il est rare qu'il persiste au-delà du troisième volume. Le public français honnit la nouvelle et le conte, il veut de beaux gros romans bien gras, plus ils sont gros plus il aime, et par-dessus tout il chérit les sagas interminables, dix-huit tomes épais à la queue leu leu ne lui font pas peur.

Alors, la nouvelle ? Eh bien, la nouvelle, si elle n'est pas matière d'édition, d'édition en volumes, veux-je dire, est par contre matière idéale de magazine. C'est là son vrai support. Tous les grands écrivains américains ont débuté en écrivant des nouvelles pour les fameux suppléments du dimanche des quotidiens, ils y trouvèrent leur école et leur chance. Car, aux Etats-Unis, tout quotidien – et il en existe un sacré paquet : chaque ville un peu importante en nourrit plusieurs – publie une édition spéciale du dimanche épaisse comme notre catalogue des Trois Suisses. On y trouve des bandes dessinées, des reportages, des recettes, enfin tout ce qui fait un magazine copieux. On y trouve des nouvelles et des contes, eh oui. Les Hemingway, Caldwell, Steinbeck, Dos Passos... n'ont pas débuté autrement. Chez nous, la nouvelle serait-elle maudite aussi pour la presse périodique ? Les rédacteurs en chef tiennent-ils par expérience leurs lecteurs pour tellement rétifs au court texte littéraire ? Je ne sais pas.

*

Il y eut pourtant des écrivains français qui se firent un nom en grande partie par des contes ou des nouvelles : Maupassant, Alphonse Allais, Courteline, Marcel Aymé... Oui, mais c'était en un temps où la presse accueillait ce genre, et avec empressement. Contes et nouvelles ont disparu des périodiques comme le roman-feuilleton des quotidiens.

Un écrivain à la réputation solidement assise peut s'amuser, entre deux gros romans, à proposer à son éditeur un recueil des nouvelles qu'il cisela à ses moments perdus. On les publiera, bien sûr, pour lui faire plaisir, et puis ce ne sera tout de même pas le bide noir, un nom est un nom. Mais on n'atteindra jamais les chiffres des tirages de ses romans.

En somme, la nouvelle, c'est les courses de kermesses du vainqueur du Tour de France, alors que ce devrait être la première chance du débutant.

NÈGRES, POMPEURS ET CIE

Quand on a brillamment réussi dans une branche prestigieuse qui vous hisse au hit-parade de la célébrité et met les médias à vos pieds, qu'il s'agisse de cinéma, de chanson, de tennis, de politique, d'affaires, de publicité ou d'aliments en boîte pour animaux de compagnie, on est saisi d'un irrépressible besoin dc prouver au monde avide de surhommes que non seulement on est le plus grand dans sa spécialité mais qu'on l'aurait été dans n'importe quelle autre activité humaine, si l'on avait daigné, si l'on avait eu le temps. La mégalomanie des gagneurs prend un second souffle avec la survenue de la cinquantaine, confirmée et encouragée qu'elle est par le succès même. Trivialement dit, l'homme ne se sent plus pisser.

Faire la preuve que l'on est un pianiste virtuose jusqu'ici ignoré ou un as secret du trapèze volant nécessite d'effectuer la démonstration soi-même en personne devant un public qui, même d'avance bien décidé à crier au prodige, demande un mini mum d'exécution. Les sosies n'existent guère en dehors des films télévisés américains.

Il reste l'écriture. Ecrire s'effectue dans la discrétion. Seul, le résultat s'exhibe. En matière d'écrit, donc, pas besoin de sosie ni de cascadeur. Il suffit de se payer un nègre. Un nègre est un monsieur, pas obligatoirement noir de peau – pourtant cette couleur l'aiderait beaucoup à se fondre dans l'ombre où son métier le condamne à rester caché – mais doué d'une certaine aisance dans le maniement de la langue, peut-être même d'un joli brin de talent, mais que le succès n'a pas caressé de son aile capricieuse et qui, comme beaucoup d'autres en cette vallée de larmes, a besoin de payer son loyer ainsi que quelques menues babioles indispensables à la survie.

Et après tout, pourquoi pas? Qu'une vedette comblée par le succès et la fortune ait un pressant message à délivrer au monde, ajoutant encore à sa gloire et à son compte en banque, quoi de plus naturel? Qui n'en ferait autant si l'occasion lui en était donnée? Notre grande dame de la chanson, donc, ou notre grand monsieur du rachat d'usines en faillite, raconte sa passionnante histoire dans le micro d'un magnétophone, ou peut-être ira-t-il jusqu'à jeter sur les pages quadrillées d'un cahier de brouillon l'ébauche de l'édifiant récit de sa vie, et puis le nègre se débrouille avec ça pour faire un livre.

Bien entendu, l'auteur de ce livre, celui dont le nom s'étalera du haut en bas de la couverture, laissant à peine la place pour le titre, sera l'illustre personnage, puisque c'est uniquement pour ce nom triomphal – on dit plutôt « vendeur » – que l'éditeur a accepté – et des deux mains! – de mettre le livre en chantier. Quant à l'obscur artisan, je veux dire le nègre – pardon pour le jeu de mots – son nom ne sera même pas mentionné, ou alors, à la rigueur, tout petit tout honteux, précédé de la mention « souvenirs recueillis par » ou « avec l'aimable collaboration de », ce qui sous-entend que le monsieur au nom minuscule a procédé à de menus travaux de mise en ordre ou semé quelques virgules par-ci par-là pour faire joli.

Oui, eh bien, ça, ça ne va pas. Pas du tout. Le métier d'écrire est déjà bien assez encombré tel qu'il est sans que des amateurs qui se sont fait ailleurs un nom et des ressources viennent asseoir leur gros cul sur le marché. Vous me direz que le pignouf qui se jette sur les mémoires d'un footballeur ou sur la philosophie d'une strip-teaseuse n'aurait certainement pas acheté le dernier Cavanna si sa pâture favorite lui avait manqué. (Je me mets tout de suite en avant pour vous éviter cette réflexion acide que je vois prête à vous jaillir des lèvres : « On te voit venir, Cavanna, avec tes gros sabots! Tu prêches pour ton église! » Pardi, oui, je prêche, on en bave assez, dans ce putain de métier!)

Enfin, bon, puisqu'il paraît qu'il existe un public pour ces âneries qui ressortissent davantage au fétichisme qu'à la littérature, qu'au moins le nom du véritable auteur figure en bonne place sur la couverture. Tant pis pour la petite vanité des vedettes et autres grands de ce monde. Et que les éditeurs se disent bien que ce public-là se fiche que la vedette ait ou non écrit elle-même la chose de sa prestigieuse main. Ce qu'il veut, ce public, c'est suivre pas à pas l'idole, s'identifier à elle, faire l'amour avec elle... Le reste, pfuii!

Je ne sais s'il existe une loi à ce sujet. S'il n'y en a pas, c'est bien dommage. L'auteur n'est pas celui qui fournit le prétexte, même s'il est le personnage central de l'ouvrage et celui qui dit « je ». L'auteur n'est pas celui qui donne des idées ou des conseils. L'auteur est celui qui écrit.

Au lieu de « Ma vie et mes émois », par Duschpaf, on aura « La vie et les émois de Duschpaf », par Oncle Tom. Quant au partage des droits d'auteur, nous voilà en pleines histoires de gros sous, qu'ils se débrouillent.

*

Broutilles que tout cela? C'est vrai. Il y a plus grave. Beaucoup plus grave. Je veux parler des « écrivains » de métier qui n'ont jamais écrit que par nègre interposé (voire par équipes de nègres), et là, je ne pardonne pas.

Nous avons ici affaire à de malhonnêtes gens, des falsificateurs, des escrocs, des voleurs. Ils trompent et volent le public qui croit acheter l'œuvre d'un homme alors que le nom dit « de l'auteur » n'est qu'une marque de fabrique. Ces bons apôtres, quand par hasard ils sont démasqués, vont prônant les beautés du travail en équipe. Seulement, ce n'est pas signé « l'équipe », c'est signé de leur seul nom.

Un livre de nègre est de la fausse monnaie. Comment qualifierait-on un acrobate qui enverrait un pauvre type risquer de se casser la gueule à sa place et qui aurait son nom à lui gros comme ça sur l'affiche?

Il paraît que la chose se répand, que de plus en plus d'ouvrages, et signés de noms prestigieux, sont en fait des travaux de nègres, que les lecteurs ne voient nul inconvénient à ça et que, quand on dénonce la vilenie, lesdits lecteurs n'en sont que plus empressés, car faire du bruit à n'importe quel prix autour du produit est l'ABC de la publicité. A ceux qui ne sont pas contents on oppose les chiffres de vente.

Alors, tant pis. Je date, là encore, et je me cramponne. Ce que j'écris n'est pas toujours excellent, mais c'est moi qui l'écris. Moi tout seul. C'est ma joie et ma souffrance à moi tout seul.

Et quand on fait métier d'écrire, qu'on en prend en pleine gueule les déconvenues et les désespoirs, on ne peut pas admettre qu'un habile salopard recueille mérite et profit sur le dos d'un esclave de talent.

Ecrire est une aventure solitaire, comme peindre. Un livre dont l'auteur n'est pas celui dont le nom figure au-dessus du titre est une méprisable tromperie, au même titre qu'un faux Van Gogh.

*

J'abhorre l'usage des nègres, et pourtant, il y a peut-être encore pis. Il y a les plagiaires. Ceux qui « pompent » les idées des autres. Ce n'est pas beau, pas beau du tout, savez-vous. Je n'en dirai pas plus, je sens la colère qui me monte...

*

Le rouage terminal de la chaîne qui, partant de l'auteur, passant par l'éditeur, l'imprimeur et le distributeur, amène le livre jusqu'à l'éventuel lecteur est le libraire. Modeste boutique ou grande surface, c'est à l'étalage de la librairie que l'objet essaie de séduire. Or, le libraire (ou le chef de rayon) reçoit chaque jour plusieurs caisses de titres nouveaux. Il est submergé, il est accablé, il n'a pour se guider que :
– les articles des critiques,
– les insertions publicitaires,
– les émissions littéraires.

Il fait donc des piles, surmontées d'écriteaux flamboyants : « On en a parlé à " Apostrophes " », à « Ex-Libris », « *Le Figaro* en a parlé », « *L'Express* en a parlé », etc. Ceux dont personne n'a parlé, ma foi, on les case comme on peut, s'il reste de la place, en tout cas pas à la meilleure.

*

Mener un roman à bien est une longue épreuve. Obtenir que le manuscrit soit lu et puis édité est une autre sorte d'épreuve. Assurer la « promotion » du livre est peut-être la pire.

Elle commence par le « service de presse ». Cela consiste pour l'auteur à signer de sa blanche main cent, deux cents ou cinq cents exemplaires de son œuvre à l'intention des gens qui ont quelque part une parcelle d'influence dans l'immense milieu des médias. En premier lieu, bien sûr, les critiques et les animateurs d'émissions. Si l'auteur est du genre consciencieux, il aura à cœur de ciseler une dédicace originale pour chacun, avec, quand il le peut, une délicate allusion personnelle. Terrifiante corvée! Il en ressort vidé de son sang, mordant les pieds de la table, envoyant à tous les diables ces ignobles cons à qui il doit non seulement lécher le cul mais en plus en ayant l'air d'y prendre plaisir... S'il est moins consciencieux, il se contentera d'un désinvolte « Bien sincèrement », suivi de sa griffe. S'il est carrément paresseux, il ne fera rien du tout, l'éditeur glissera entre deux pages la petite carte passe-partout « Avec les compliments de l'auteur, absent de Paris ».

Dans tous les cas, le résultat sera le même : zéro. Je parle bien entendu de l'auteur ingénu, celui qui ne sort pas, ne déjeune pas, ne dîne pas, ne cocktèle pas, n'est pas connu chez Lipp, n'est pas champion de tennis, chanteur de rock ou ex-président de la République. De celui dont l'éditeur n'a pas une équipe d'attachées de presse à la hauteur.

*

L'attachée de presse! La bonne fée, la nounou, la maman, celle sans qui l'écrivain n'est qu'un bébé perdu la nuit dans la grande méchante forêt, et qui pleure. Celle qui remue ciel et terre pour « vendre » son auteur. Qui harcèle au téléphone les célébrités de la télé et les terreurs de la critique (avec la manière, toutefois : décrétée emmerdeuse, elle est coulée). Qui court tout Paris pour placer son nourrisson, plus acharnée qu'une vraie mère cherchant à caser son cancre de fils dans un lycée prestigieux... Jolie? Ça ne nuit pas, mais surtout sympa, et encore plus : marrante. Elégante, mais pas sapée trop cher, ça défriserait les dames journalistes pas assez friquées. Débrouillarde, cela va sans dire, ayant l'usage du monde et de l'entregent, et un énorme culot bien caché sous la gentillesse candide.

Très dur métier, et très ingrat. Je ne sais pas si les auteurs se rendent bien compte de l'énorme travail souterrain qui prépare leurs triomphes. L'attachée de presse lui dit : « Tu passes à l'émission d'Untel, tel jour, telle heure. Je passerai te prendre. » Elle le trimbale par toute la France et l'Europe francophone, le tient par la main, veille à tout, aux billets, aux réservations, aux chambres d'hôtel, arrange des rendez-vous à la gare, à l'aéroport, dans le train, l'auteur se laisse faire, le pouce dans la bouche, il est un colis, il ne comprend pas très bien où il est ni ce qu'il fait là, elle lui dit : « Tu causes dans ce machin quand le monsieur t'interroge », « Tu t'assieds là et tu signes tant que tu peux », « Dépêche-toi, on a cinq journalistes à déjeuner, j'ai retenu pour treize heures pile ». Copine avec les caïds, mais aussi avec le menu peuple des assistants, scripts, machinos, tutoyant-tutoyée, sa survenue fait s'épanouir les sourires. Cultivée, bien sûr, et au courant de ce qui se fait, capable au besoin de souffler la bonne réponse à l'auteur en panne... Ah, on peut dire qu'elle ne le vole pas, son bœuf!

Des épouses sont jalouses de l'attachée de presse de leur mari. Elles ont bien raison. Il ne « se passe » rien, mais justement... Elle lui apporte tout le reste.

*

Je terminerai cette petite excursion dans le jardin sacré des Muses par l'évocation d'un personnage terrifiant qui y règne en souverain maître : le critique littéraire.

Qu'est-ce qu'un critique? Un juge. Quelle est la qualité essentielle d'un juge? L'impartialité. Et encore? La sérénité. La modestie. Le critique donne son avis, mûrement pesé car les conséquences en peuvent être graves. Le critique ne connaît pas l'auteur qu'il juge, il ne connaît que l'œuvre. Il n'est donc pas en affaires avec l'auteur, n'a avec lui aucun lien de parenté, d'amitié ou d'inimitié, il est placé devant une œuvre, c'est tout ce qu'il veut savoir, son enthousiasme ou son dépit seront du fait de l'œuvre seule, l'œuvre, l'œuvre, l'œuvre... C'est bien comme cela que vous vous représentez un critique, n'est-ce pas?

En fait... En fait, pour être critique, on n'en est pas moins homme. On ne devrait pas, je sais bien, mais c'est ainsi. On sort de sa tour d'ivoire. On voit du monde. Du monde du milieu des lettres. Des auteurs, donc. Des éditeurs. On déjeune. On dîne. On cocktèle. On est plongé jusqu'au cou dans cette chaude ambiance parisienne, on a mille fils à la patte... On est soi-même auteur. Si, si, je vous assure! Impensable, hein? On écrit des livres, et on n'est pas le seul : tous les critiques sont écrivains avant d'être critiques. On est donc attaché à une maison d'édition. On a des obligations. On pratique éperdument le renvoi d'ascenseur. On fait partie de jurys littéraires, voire d'académies, en tout cas si on n'en est pas on rêve d'en être un jour... Tout cela est très vilain, très, très, vous avez raison. Comment, vous indignez-vous, peut-on être juge et partie? Dans ce monde-là, on peut. On n'en a pas honte, on est même très fier d'être aussi astucieux, des gens très bien vous tapent dans le dos.

Et, s'il vous plaît, comment voudriez-vous qu'il s'y retrouve, le critique? Ce sont plusieurs douzaines de volumes flambant neufs qui s'entassent chaque semaine sur son paillasson, tous dédicacés de façon pathétique, tous empilés là comme autant de remords... Heureusement qu'il a, pour le guider, ses contacts mondains, ses sympathies, ses obligations...

Je ne prétends pas que tous les critiques jugent en fonction de facteurs qui n'ont rien à voir avec le désir de découvrir l'oiseau rare et de le faire connaître au monde. Je constate seulement que les impératifs, directs ou souterrains, de ce qu'il faut bien appeler le commerce et ses combines laissent peu de place pour l'apostolat

Du moins a-t-il, le critique, la consolation de faire à son tour œuvre littéraire dans l'exercice même de son ministère. Il a une belle surface de journal à sa disposition, il va montrer ce qu'il sait faire, cet homme. Le livre dont il se propose d'examiner les mérites lui sera surtout une estrade, un prétexte pour un étincelant numéro personnel, et c'est d'ailleurs pour cela qu'on l'a mis là, le critique, pour régaler le lecteur gourmand d'un feu d'artifice de virtuosité, si possible de haute méchanceté avec mise à mort. Il est tellement plus facile, plus « payant », de « se faire » un auteur que d'en dire du bien! La férocité fait étinceler la plume, les « mots » cruels cinglent avec brio, alors que la louange trouve difficilement les accents qui soulèvent les enthousiasmes.

Le public aime les peaux de vache pleines d'esprit.

DU PARADOXE CONSIDÉRÉ COMME MOTEUR UNIVERSEL

UN homme politique quelconque cite une pensée de Paul Valéry. Cette pensée énonce, en substance, que la véritable continuité dans l'action ne consiste pas à faire immuablement les mêmes choses, mais à adapter ce qu'on fait aux circonstances, de façon que, les circonstances changeant, les actes restent dans la droite ligne du propos initial.

Cette pensée est d'un banal absolu, et même d'une platitude rare, mais les pensées c'est toujours comme ça, c'est justement ce qu'on attend d'elles, et l'essentiel n'est pas là. L'essentiel est ce qu'on va en faire. Dans le cas présent, ce politicien s'est servi de cette pensée pour donner à entendre ceci :

« Je suis plus gaulliste que vous, puisque, moi, au lieu de me cramponner bêtement à la lettre stricte de la volonté du général de Gaulle, je l'adapte souplement aux circonstances, lesquelles, depuis sa regrettable disparition, ont hélas changé, et si je fais exactement le contraire de ce qu'il préconisait c'est pour mieux respecter l'esprit de sa doctrine. » Et paf.

Voilà. Vous avez compris à quoi servent les pensées des penseurs : à justifier n'importe quoi. Vous trouveriez facilement une pensée du bon faiseur, peut-être même de Valéry (Paul) pour étayer une proposition diamétralement opposée à celle que nous venons de savourer. C'est là la seule utilité des penseurs : nous éviter de nous fatiguer à démontrer notre point de vue par petit *a* et petit *b*. La Bible sert surtout à cette fin. Marx aussi. Et Lénine, donc ! Et Confucius !

Voyons maintenant pourquoi le raisonnement – si j'ose dire ! – par citations est si prisé du public. Examinons comment fonctionne une « pensée », comment elle agit sur notre entendement, le charme et le fascine.

*

Qu'est-ce qu'une pensée ? Une constatation.

Mais pas n'importe quelle constatation. « Il pleut » n'est pas une pensée. « Petite pluie abat grand vent » est une pensée.

Pourquoi « Petite pluie abat grand vent » est-elle une pensée ? Parce qu'elle contient un PARADOXE. Retenez ce mot.

Qu'est-ce qu'un paradoxe ?

Un paradoxe est une affirmation choquante pour le sens commun, du moins à première vue. Elle rompt avec la logique du discours attendu, et c'est son incongruité qui, justement, fait dresser l'oreille à l'attention, met le cerveau en alerte. Une pensée comme « Petite pluie abat grand vent » est tellement entrée dans nos habitudes que le paradoxe s'est beaucoup émoussé. Cependant, si on continue à la citer, c'est bien parce que, même très atténué, le paradoxe fonctionne toujours.

Où donc réside le paradoxe dans cette petite phrase ? Il réside dans l'opposition voulue entre la pluie, qui est par nature une chose molle, liquide, inconsistante, et le vent, chose puissante, terrible, que rien n'arrête. Il est renforcé par les adjectifs « petite » pluie et « grand » vent. Cette petite pluie qui abat un grand vent, cela choque l'entendement, par cela même cela séduit notre secret besoin de chambardement, et aussi notre désir que le faible casse la gueule au fort, que David vainque Goliath. Un paradoxe, d'abord viole notre train-train mental, ensuite nous séduit comme un fruit défendu.

Règle : il y a paradoxe toutes les fois où la constatation énoncée peut être suivie de « L'eusses-tu cru ? »

*

Le paradoxe, donc, excite l'attention et met l'esprit en état d'attente favorable.

Placé devant un paradoxe, l'esprit, choqué, veut comprendre pourquoi il est choqué. L'ayant compris, il est tout content. Ayant décelé en quoi l'affirmation à lui soumise était paradoxale, en ayant vu fonctionner le mécanisme et ayant repéré le clin d'œil que lui fait l'auteur de la chose, l'esprit la catalogue alors comme démarche HUMORISTIQUE. Retenez ce mot.

Règle : toute « pensée » est paradoxale ET humoristique. Même les plus amères, les plus désespérées : on dira alors que l'humour est NOIR (paradoxe !)

L'humour peut être bon ou mauvais, réussi ou raté, cela ne change pas sa nature. Il y a humour quand il y a décision (consciente ou non) de faire de l'humour. Tout paradoxe est œuvre d'humour. (Au fait, existe-t-il d'autres mécanismes de l'humour ? Question à creuser.)

L'esprit, donc, tout heureux d'avoir pris conscience du paradoxe, de l'avoir déchiffré, d'en avoir saisi l'humour, est content de soi, sensation agréable, « gratifiante », et se trouve en position favorable pour examiner la proposition abstraite véhiculée par la « pensée ». Le plaisir esthète de la connivence l'amène à l'acceptation de la conviction.

Car le paradoxe n'est qu'une amorce, comme la parade du cirque. Il véhicule une parabole dans le domaine moral, pompeuse lapalissade qui eût été plate et insipide formulée telle quelle et à laquelle on n'eût pas prêté attention, mais que l'esprit, éveillé puis amusé par le paradoxe, accepte de prendre en considération, et à qui il trouve des charmes inattendus.

Observation : le paradoxe n'est qù'apparence. Rien, en fait, n'est paradoxal. Les choses sont, un point c'est tout. Elles pourraient brusquement être tout autres, ce n'est pas là qu'est le paradoxe. « Paradoxe » égale « contradiction ». Les choses, les faits ne sont pas contradictoires. C'est en nous qu'ils le deviennent, c'est nous qui les jugeons tels. En nous réside le paradoxe : il est une appréciation des faits, un jugement sur la crédibilité (l'étrangeté) des faits. Un étonnement. Nous (ou plutôt le mécanisme comparatif tapi dans notre conscience) estimons les faits ou les énoncés non conformes à l'ordre des choses, c'est-à-dire à notre routine prévue, dérangeants. Le paradoxe est purement subjectif.

Le rôle du style est énorme. Paul Valéry n'est certes pas le seul ni le premier à avoir émis cette solennelle fourberie. Si cependant c'est lui que l'on cite, ce n'est pas seulement pour s'appuyer sur l'autorité d'un grand nom, d'un « sage », mais aussi parce qu'il a su y mettre la grâce, le balancement, qui sont la patte de l'artiste. Toujours cette séduction du plaisir esthète qui fait prendre l'euphorie des sens pour la conviction intellectuelle, une pirouette élégante pour une démonstration, un mot dit « d'esprit » pour une réflexion « qui va loin ».

*

Il y a un certain nombre d'années, une « pensée » de Mao Tsé-toung faisait fureur auprès de la jeunesse généreuse et romantique : « Le pouvoir est au bout du fusil. » La jeunesse généreuse et romantique est une proie de choix pour le paradoxe.

Cette affirmation est, sans conteste, une évidence grossière, le type même de la lapalissade. Elle revient à dire « Les plus forts sont les plus forts ». Elle ne nous apprend rien.

Pourtant, elle séduit. Elle contient donc un paradoxe. Où est le paradoxe?

Eh bien, il se cache dans un fait de culture. « Spontanément », « instinctivement », c'est-à-dire par éducation directe au contact des dures « réalités de la vie », nous savons que le fort vainc le faible. « Le fusil », ici, signifie « la force ». Merci. Mais nous avons appris ensuite, seconde étape, parce qu'on nous l'a enseigné, que, pour l'harmonie de la vie en société, nous devons tenir compte des autres et que notre pulsion spontanée à résoudre nos problèmes de relation par la force serait génératrice de plus de mécomptes que de succès, à plus ou moins long terme. Nous sommes conditionnés à la discussion « démocratique » des conflits plutôt qu'à leur solution brutale. (Sans compter l'aspect moral, autre conditionnement culturel bien ancré.) Loyal examen, argumentation, raison, preuves, tolérance, patience, plus fait douceur que rage, etc., etc. Ces notions, qui sont autant de paradoxes quand on nous les inculque, deviennent, par le dressage éducatif, une seconde nature. Nous sommes, si l'on veut, « tordus », par rapport à l'être fruste. Si bien que, lorsqu'on vient nous assener « La force donne le pouvoir », cette lapalissade n'est pas que cela.

D'abord, le seul fait d'affirmer péremptoirement pose l'affirmation en chose louable. Quand je dis « Le pouvoir est au bout du fusil », je dis en fait « Le pouvoir est au bout du fusil, et c'est bien qu'il en soit ainsi ! » Je ne me contente pas de constater : je constate et je recommande, et même j'impose.

Ensuite, si je veux développer, on nous dit (Mao nous dit) : « Je vais vous apprendre une chose qui vous paraîtra énorme et cynique : le pouvoir est au bout du fusil. Je sais, cela vous choque et vous révolte. Oubliez tout ce qu'on vous a appris sur la démocratie, la douceur, la libre discussion, la honte d'abuser de sa force et toute cette sorte de choses. Nous sommes en guerre, le droit est avec nous, ce qui compte c'est de gagner, et par tous les moyens. Faites violence à votre acquis, redevenez jusqu'à la victoire des brutes spontanées, soyez les plus forts et ne vous posez surtout pas de questions ».

D'où les trois degrés :

1er DEGRÉ (évidence spontanée) : « Le fort obtient ce qu'il veut en écrasant le faible. »

2e DEGRÉ (paradoxe culturel) : « Le fort doit faire comme si le faible était son égal. »

3e DEGRÉ (surparadoxe cynique anticulturel) : « Le fort obtient ce qu'il veut en écrasant le faible après avoir annulé le conditionnement culturel du deuxième degré. »

On aura remarqué que, du point de vue du résultat pratique, le troisième degré ramène au premier degré, mais après une petite promenade par les voies tortueuses de la dialectique, d'où une bonne conscience moins solide. Or, l'homme ne vit pas que de pain, mais aussi de bonne conscience, pour donner du goût. Un surparadoxe du troisième degré doit donc lui être assené souvent et avoir l'acquiescement rassurant du Pouvoir (ou du Contre-Pouvoir) et du grand nombre. D'où les slogans, défilés et discours.

On notera que les surparadoxes du troisième degré sont redécouverts périodiquement par des penseurs populaires avec le même éblouissement charmé. Pour nous en tenir à notre exemple du « pouvoir du fusil », il est la répétition exacte, sous d'autres vocables, du fameux mot de Bismarck dont l'impudent cynisme fit tant de tort à l'image de marque de l'Allemagne, « La force prime le droit », comme de la remarque de Bonaparte[1], qui s'y connaissait, « Dieu est du côté des gros bataillons ». Et aussi de celle du non moins fameux coup de gueule de Brennus, « Malheur aux vaincus! » Les variantes sur ce thème ont fourni au long de l'histoire une riche moisson de mots d'esprit : « Un bon Peau-Rouge est un Peau-Rouge mort. » « Tuez d'abord, discutez après. » Humour de hyènes...

Conclusion. Une pensée, d'où qu'elle vienne, est un viol de l'esprit, sans plus de valeur démonstrative qu'un calembour.

*

Récréation. Complétons la pensée de Mao Tsé-toung :

1 – Le pouvoir est au bout du fusil, mais l'ennemi aussi a un fusil.

1. Ou de Frédéric II, je ne me rappelle plus. Mais qu'est-ce que ça change?

2 – Donc, le pouvoir est au bout du plus gros fusil.

3 – Finalement, au bout du fusil, il n'y a que le pouvoir du fusil.

Devoir de vacances. Prenez une « pensée » célèbre, au hasard (dans n'importe quel agenda des Galeries Lafayette, par exemple). Trouvez où gît le paradoxe. Montrez la nullité crasse et la bêtise prétentieuse du prétendu « sel » de la pensée. Faites ressortir par des exemples comment on peut l'appliquer à justifier n'importe quoi et son contraire.

*

Nous avons vu que le cerveau humain est ainsi fait qu'il a besoin d'un excitant pour stimuler son activité et l'appliquer à un sujet donné. Il faut piquer son intérêt, le faire, en quelque sorte, sursauter, pour le réveiller et provoquer son passage à un état d'excitation supérieur.

Nous sentons cela intuitivement, c'est pourquoi nous ne nous contentons pour ainsi dire jamais d'énoncer une constatation quelconque, mais nous lui donnons du mordant en la formulant sous une forme qui déclenchera l'étonnement. Par exemple, s'il pleut, nous ne dirons pas simplement « Il pleut » d'un ton neutre. Nous dirons (et même nous nous exclamerons) : « Qu'est-ce qu'il tombe ! » Ce qui laisse entrevoir une pluie exceptionnelle, monstrueuse, un déluge. Pourquoi ? Parce que nous voulons captiver l'attention de l'auditeur, le forcer à s'intéresser à ce que nous lui annonçons. Très bien, mais où est le paradoxe, là-dedans ? Il est en ce que cette pluie phénoménale n'est pas à sa place : la norme serait le beau temps. La pluie est TOUJOURS subie comme une anomalie, comme une injustice (sauf par les agriculteurs). La pluie est un paradoxe. En grossissant la pluie, nous embellissons le paradoxe.

Le paradoxe est un signal d'incongruité, un point d'exclamation.

Notre prédilection bien connue pour les conversations sur le temps procède de notre amour du paradoxe, de notre besoin de paradoxal. C'est toujours autour de l'anomalie des phénomènes météorologiques que tournent les remarques : « C'est pas un temps de saison ! » s'il pleut au lieu de faire (comme il devrait) beau temps. Mais si le soleil brille effectivement un jour de juillet, alors nous gémissons « Quelle chaleur ! ». Et nous nourrissons le paradoxe à grand renfort de documentation : « C'est le 12 juillet le plus torride depuis soixante-seize ! »

Devant la mort, de tous les événements qui nous concernent le plus déplaisant, nous paradoxons à tour de bras pour tenter d'exprimer l'inexprimable : « Ce sont toujours les meilleurs qui s'en vont ! » (La « norme » supposée serait que les moins bons meurent, ce serait plus « juste », et aussi ce serait plus utile, les meilleurs étant ceux qui apportent le plus à la communauté : le paradoxe est double.) Et aussi « Dire que je l'ai encore vu pas plus tard qu'hier matin ! » qui souligne le paradoxe de la fragilité de la vie alors qu'un homme plein de santé semble debout pour toujours !

La religion (surtout la chrétienne) fait un formidable usage du paradoxe. Ce dieu qui s'est fait homme pauvre parmi les plus pauvres, qui se laisse supplicier comme un malandrin alors qu'il est le Tout-Puissant, maître et créateur de toutes choses... Quel régal pour l'amateur d'incongru, c'est-à-dire pour tout un chacun ! Et cette vierge qui conçoit sans copuler, ces martyrs qui souffrent sourire aux lèvres...

On débusquerait le paradoxe absolument partout, car il est aussi nécessaire à l'esprit humain pour entrer en fonctionnement que l'odeur du gibier l'est au chien de chasse pour se lancer sur la piste. Il est l'excitant psychique indispensable, le déclic qui enclenche l'ordinateur. Que le Soleil tourne autour de la Terre ou la Terre autour du Soleil sont des éventualités qui n'ont en soi rien de paradoxal. Mais quand Galilée affirme que c'est la Terre qui tourne alors que nos yeux et la tradition affirment le contraire, le paradoxe est éclatant.

Toute histoire « drôle » procède du paradoxe, comme tout fait héroïque, tout déchirement cornélien, tout record battu, toute nouvelle à sensation (et même toute nouvelle tout court : voyez les titres des quotidiens).

*

Pour qu'il y ait paradoxe, c'est-à-dire sentiment d'étrangeté, d'anomalie, il faut qu'il y ait préalablement existence d'une notion de norme. Tout se passe comme si nous étions conditionnés à une « normalité », à la continuité d'un certain ordre des choses qui serait celui où elles étaient la première fois où nous en eûmes connaissance, et comme si tout chambardement de cet ordre des choses nous était pénible, mais aussi comme si, confrontés de force avec le chambardement accompli, le désagrément même de ce viol de nos habitudes tirait notre esprit de sa douce torpeur, excitait sa curiosité et, aussitôt, se changeait en plaisir de l'attente de la nouveauté.

Comme s'il y avait en nous deux êtres, l'un casanier, l'autre, caché derrière celui-là, avide de sensations neuves. Cela correspond-il à une réalité « palpable » dans la structure organique de notre personnalité, c'est-à-dire dans notre cerveau et ses chimies ? Certainement. Mais ceci n'est plus de mon ressort.

LES VESTALES

Les véritables gardiens de la pureté de la langue, les vestales du bien écrire, ce ne sont pas les spécialistes de la décortication pontifiante, linguistes, grammairiens, enseignants, académiciens... Ce ne sont pas davantage les écrivains, à qui l'on ne demande que du talent – du génie, pourquoi pas ? – et des idées. Les vestales qui veillent sur la flamme sont les gens de l'imprimé : éditeurs, typographes, correcteurs.

L'auteur peut n'être pas impeccable. Bien souvent, et de plus en plus, il abuse de ce privilège. Après tout, son domaine est l'imagination, ou bien l'information, le raisonnement, et surtout l'art d'arranger mots et évocations pour créer de l'émotion, de la conviction, de la beauté. Bien sûr, il est censé, comme tout citoyen français ayant suivi son temps obligatoire de la scolarité, connaître sa langue au moins approximativement, grammaire, orthographe, syntaxe. L'envie ou le besoin d'écrire, c'est-à-dire de communiquer quelque chose au vaste monde, l'a poussé à rédiger et, espérons-le, avec bonheur. Mais les chinoiseries orthographiques peuvent ne pas l'intéresser du tout, et même l'agacer. Un auteur, encore une fois, a le droit d'être faillible. Qu'il nous charme ou nous intéresse, on lui pardonnera ses faiblesses. D'autant qu'entre lui et nous, lecteurs, il existe des gens qualifiés pour y porter remède.

Reconnaissons toutefois que l'amour de la langue et l'habileté à la manier accompagnent en général le talent, et que les grands écrivains sont aussi des seigneurs du verbe et de sa technique. Oui, mais, il n'y a pas que de « grands » écrivains.

L'éditeur, convaincu, de lui-même ou par l'enthousiasme d'un de ses lecteurs professionnels, de la valeur marchande d'un manuscrit, le confie au secrétaire d'édition chargé de « préparer la copie ». La « copie » est le texte prêt à être remis à la composition typographique. « Préparer la copie », c'est y porter des indications à l'usage du typographe, et en même temps corriger les fautes, aussi bien d'orthographe que de grammaire ou de construction de phrase. Il faut être attentif et plein de zèle, plein de doigté, surtout, car il est d'apparentes maladresses qui sont des hardiesses de style voulues par l'auteur, il faut se garder de les écraser. Il est même des gaucheries non voulues mais sympathiques qui donnent à un écrit sa personnalité. Préparer la copie, c'est, en somme, aider l'auteur à se montrer sous son meilleur jour. Quand ce meilleur jour est encore bien grisâtre, la préparation de copie devient une véritable réécriture.

La composition est l'art de transcrire le manuscrit – la « copie » – en caractères d'imprimerie. Jusqu'à ces dernières années, on composait suivant le bon vieux procédé mis au point par Gutenberg : des caractères en relief, métalliques, étaient disposés en lignes, qui seraient plus tard encrées afin de reporter, par pression, l'écriture sur le papier. Depuis Gutenberg, tout de même, le procédé s'était mécanisé, des machines à composer (linotypes et monotypes) se chargeaient du travail. Ces machines étaient actionnées par des ouvriers hautement qualifiés, linotypistes ou monotypistes, qui non seulement effleuraient le clavier avec une prodigieuse agilité, mais aussi étaient des champions d'orthographe, des spécialistes des cas tordus, des gens dotés d'un flair qui leur faisait sentir la personnalité et les tics de l'auteur, et qui possédaient en outre de solides notions de latin et de quelques langues étrangères afin de n'être pas sans cesse à fouiller dans les dictionnaires, car, bien évidemment, les minutes coûtaient cher. Les typographes (linotypistes ou autres) constituaient une véritable aristocratie ouvrière, ils n'hésitaient pas, « au marbre », à tenir tête à l'auteur, lequel, à chaque fois quinaud, en était quitte pour payer un litre, et du bon.

*

La survenue de la photocomposition, puis celles de l'ordinateur et du laser, ont changé tout cela. Il n'y a plus de caractères métalliques – de « plomb » –, les cliquetantes machines linotypes aux bras d'insectes, au corps anguleux crachant le plomb fondu, ont disparu comme disparurent les dinosaures. Les typographes se sont reconvertis, ils tapotent sur un clavier d'ordinateur et voient le texte s'inscrire sur un écran luminescent... Et puis ils partent en retraite l'un après l'autre, et des clavistes les remplacent, simples dactylos qui n'ont pas plus connu la composition en plomb que la marine à voile.

Les clavistes vont très vite. Très, très vite. Elles font attention, bien sûr. Mais elles tapent tellement vite... Et elles n'ont pas la culture grammaticale des vieux typographes. Elles n'ont pas forcément non plus une orthographe très sûre. De toute façon, leur travail sera vérifié. Par le correcteur, juge suprême.

En fin de parcours, il y a le correcteur. Ou la correctrice, de plus en plus, d'ailleurs. Il a toujours été un rouage indispensable de la chaîne qui va du manuscrit à la forme prête pour l'impression. On sait qu'on a un bon correcteur derrière soi, il ne laissera rien passer, on peut compter sur lui, ça lève l'angoisse. Car, aussi attentif soit-on, on commet des bourdes, forcément. L'œil infaillible du correcteur est là pour y veiller. Il signale la faute, le typographe répare. Et puis le correcteur lit une fois encore.

Aussi excellent que soit un correcteur, il laisse passer des fautes. Rares, très rares, s'il est bon. Il n'est jamais absolument infaillible. Les fautes qui, trompant tant de vigilance, parviennent jusqu'au texte finalement imprimé sont les « coquilles », ces fameuses coquilles qui ont toujours nourri l'humour des faiseurs d'almanachs. Le livre absolument sans coquille n'a pas encore vu le jour, paraît-il, après cinq siècles d'imprimerie... Le « sans coquille » est un idéal pratiquement inaccessible mais qu'il faut cependant viser pour au moins parvenir à un résultat honorable.

Le rôle du correcteur a donc toujours été de très grande importance. Il l'est bien davantage encore aujourd'hui où les opérations qui précèdent son intervention sont effectuées par des agents de moins en moins qualifiés en ce qui concerne la maîtrise de la langue, et qui ne mesurent pas l'importance de certains impératifs, par exemple de la ponctuation.

*

On n'a jamais imprimé autant de livres. Il y a par conséquent un nombre sans cesse accru de braves gens accédant à la distinction flatteuse de voir leur nom flamboyer sur la couverture d'un volume. Parmi ces heureux élus, combien savent effectivement écrire? Je veux dire écrire comme est censé le savoir un candidat admis à subir les épreuves du certificat d'études primaires? Pas beaucoup. De moins en moins. D'où un premier engorgement dans le circuit, au stade de la préparation de la copie – préparation qui, il faut le dire, est souvent effectuée par le correcteur, véritable maître Jacques de l'imprimé avec son auréole maudite de « celui qui sait tout sur tout », or cette « préparation » peut aller jusqu'à un remaniement de fond en comble, pour peu qu'on ait affaire à un auteur particulièrement confus... – et puis un second engorgement au stade des corrections sur placards, la claviste n'ayant pas manqué au passage d'enrichir le texte d'un nouveau tonnage de bourdes, de son propre cru, celles-là. D'où, pour le correcteur, ultime filtre avant le « bon à tirer », un travail qui devient ahurissant, comparable à celui qui consiste à trier les petits cailloux dans les lentilles. Voilà où mène la décadence de l'instruction publique!

Je tiens à dire aux correcteurs et correctrices d'imprimerie combien je compatis à leurs peines et combien j'admire leur œil sans faiblesse. J'ai toujours tenu expressément à corriger moi-même tout ce que j'ai pu donner à imprimer – un auteur qui ne corrigerait pas (avant le correcteur) son propre texte, qui ne suivrait pas son enfant jusqu'au bout, serait-il un auteur? –, je suis donc tout à fait à même d'apprécier ce qu'est le travail de correction. Je suis un correcteur d'assez bonne force, je suis loin d'être un pro. Le correcteur passe derrière moi et s'amuse à me faire remarquer tout ce que j'ai laissé passer. Un bon correcteur est un « œil ». Comme on dit d'un expert en parfums qu'il est un « nez ».

Des correcteurs, il en faudra de plus en plus, en raison même de la perte générale de la maîtrise de la langue écrite qui va s'accélérant. Voilà donc un métier d'avenir.

*

Oui mais... Qui se soucie d'un texte impeccable? Qui s'en souciera demain? Au train où ça va, sûrement pas le lecteur. Disons, pas la grande masse des lecteurs. Or, c'est la masse qui compte. Le lecteur, ou bien gobe tout tout rond, trop ignare ou trop peu attentif, ou bien corrige inconsciemment la faute, rétablit, par habitude machinale, la version correcte sans même s'en rendre compte. Selon la formule consacrée : « Nos lecteurs auront rectifié d'eux-mêmes. »

Il faut produire, produire beaucoup, produire vite, produire au moindre coût. Alors...

Alors, on donne des consignes au correcteur : « Pas trop de corrections, mon petit. Allez-y mollo. » « La ponctuation, hein, vous laissez tomber. » C'est toujours la ponctuation la première sacrifiée. Surtout les virgules. « Alors là, les virgules, jc vouε les interdis formellement! »

Je vous assure que je n'exagère pas. C'est de pratique courante. Rendement, rendement! N'est-ce pas révoltant? Il y a des livres, des journaux, tellement maltraités qu'ils me font bouillir de rage et hurler à la mort.

Une virgule passée à l'as, ça fait grimacer le texte, mais bon, on pardonne, on continue... Mais un texte à la ponctuation systématiquement sabotée par des gougnafiers ignares ou cupides, quoi de plus désespérant ? Editeurs, imprimeurs, vous êtes, je le répète, les vestales, les grands prêtres, les gardiens de la flamme ! Si vous trahissez, tout fout le camp ! Vos produits sont des exemples, des références, des autorités. Vous n'avez pas le droit de vous relâcher.

Il n'y a pas encore si longtemps, l'imprimé avait quelque chose de sacré. Gravé dans le marbre. Aujourd'hui, beaucoup trop de livres sont écrits par des cochons, imprimés par des bousilleurs. S'il ne s'agissait que de coquilles ! Mais la phrase, mais l'orthographe, la grammaire, la cohérence même du discours... Galimatias prétentieux hérissé de cloques et de bubons... Ne vous attendez pas à ce que je vous présente une ribambelle d'horreurs, de ce qu'on appelle des « perles », je n'ai aucun goût pour les défilés de monstres. Il y a des auteurs spécialisés dans ces inventaires du dérisoire, courez-y.

Même les livres scolaires ! (Je dirais presque « Surtout les livres scolaires ! » après une petite enquête que je viens de faire.) Même les livres d'enseignement du français !

Quant à la presse... Eh bien, ça irait, bizarrement, plutôt mieux, dans cette branche. Je me souviens des épouvantables pages du *Libération* d'il y a quelques années. Il fallait drôlement se cramponner ! Les coquilles, bourdons et autres parasites s'y sont faits beaucoup plus discrets. Dommage qu'en même temps le conformisme se soit installé dans l'inspiration. On ne peut tout avoir, semble-t-il : ou des textes mordants tout mal foutus, ou du *Parisien libéré* bien léché...

*

On proclame bien haut que la langue française est en péril, qu'il faut serrer les rangs, on hisse le drapeau sacré de la francophonie, on organise des colloques et des congrès où se côtoient boubous, chéchias, djellabas, pagnes et complets-vestons, très coloré, très bon pour le portrait de famille sur le perron... On organise tout un culte, on légifère, on interdit, on recommande... En fait, on la regarde tranquillement crever, la langue française, et toutes ces fleurs ont de plus en plus l'air de couronnes qu'on entasse sur le cercueil.

Les enseignants sont déboussolés, ayant dû s'adapter en peu d'années à des réformes en cascade, parfois contradictoires, qui leur imposent des méthodes compliquées et prétentieuses. Il est défendu d'apprendre trop tôt à lire aux enfants, et puis, tout à coup, le gosse est confronté à un vocabulaire quasi savant. Résultat : ils arrivent en sixième sachant tout juste lire, quand ils savent. L'orthographe, n'en parlons pas, ou plutôt n'en parlons que pour exiger sa suppression.

En même temps, les dictionnaires populaires élaguent à mort. Chaque nouvelle édition supprime quelques centaines de mots, pas toujours d'un emploi rare. Par contre, l'illustration envahit les pages, en couleurs criardes, la plupart du temps sans autre utilité que faire joli. On a tellement peur que, s'il n'y a pas assez d'images, l'enfant n'ouvre jamais son dictionnaire ! Toujours le même réflexe, fruit de la mentalité margoulino-publicitaire : dorer la pilule, soigner l'emballage. Quant au produit, tout le monde s'en fout.

Les manuels du genre « Dites – Ne dites pas » baissent les bras, résignés, et permettent tout. Si tu ne permets pas, le concurrent permettra, et c'est lui qu'on achètera. L'Académie, l'Education nationale précèdent-elles ces démissions ou suivent-elles sans protester ?

Bien plus que de cette américanomanie à qui on veut faire porter tout le poids de la décadence, le français meurt de l'indifférence des Français, et aussi de la prodigieuse, de la triomphante bêtise des publicitaires, qui se font plus bêtes encore (ils n'ont aucun mal) que le public qu'ils méprisent pour le flatter.

*

On nous fait miroiter « les cent millions de francophones dans le monde ». Mais, mis à part les Antillais, les Wallons, les Romands et les Québécois, il s'agit de peuples ex-colonisés, toujours colonisés par le biais de la dépendance économique et militaire et prêts à toutes les docilités. On nous brandit un Léopold Senghor, mais partout en Afrique Noire le français n'est que la langue administrative, parlée avec quelque aisance par la caste des notables et des fonctionnaires. Le peuple n'emploie que les dialectes locaux. Il suffit de jeter un œil aux journaux de là-bas pour comprendre que ce n'est pas d'eux que sortira un français fleuri et plein de santé.

En Afrique dite « francophone », le français sert surtout, on l'a vu récemment, de véhicule de pénétration aux margoulins pour écouler leur camelote invendable ailleurs. Les fabricants français de médicaments inondent l'Afrique de publicité pour des produits anodins en laissant entendre qu'ils peuvent donner force, santé et croissance aux enfants sous-alimentés, c'est-à-dire, ce n'est pas dit mais c'est suggéré, remplacer la nourriture qui, là-bas, fait défaut. La science européenne avec ses petites pilules est une magie, la langue française sert à l'abrutissement des masses, au viol des cerveaux. Là comme ailleurs, c'est toujours le « commercial » qui mène la danse.

FORMICA

Y a-t-il actuellement une soudaine accélération du processus de « dégradation » du français parlé sous la pression de trop de facteurs défavorables (franglais, langue de bois, appauvrissement du vocabulaire courant, etc.) comparable à l'évolution qui fit disparaître le bas-latin au profit d'une langue nouvelle ? Ou bien le français, avec les autres langues d'importance secondaire, est-il en train de disparaître irrémédiablement pour laisser la place à une langue universelle, soit hégémonique (l'anglais ?) soit de compromis (« pidgin », « petit-nègre », « poudding »...) ?

Il me semble que la réponse ne dépend pas seulement de l'évolution au jour le jour, mais d'énervements autrement violents et grandioses, de bouleversements à l'échelle de la planète. Et là nous retrouvons la férocité de la guerre économique, débouchant ou non sur la guerre tout court, avec les formidables mouvements de populations qui s'ensuivent et l'établissement de la loi du vainqueur. Si le nord de l'Asie parle le russe, le nord de l'Amérique l'anglais, le sud et le centre de cette même Amérique l'espagnol ou le portugais, si l'Australie parle l'anglais et la moitié de l'Afrique l'arabe, si la moitié de l'Europe parle des langues romanes, tout cela est dû à la conquête brutale, les armes à la main, et tous ces peuples (nous, Français, les premiers) parlent des langues à eux imposées par le fer et par le feu. L'avenir est aux reîtres, et il l'a toujours été.

Croyez-vous que les Gaulois (nos ancêtres!) étaient moins attachés à leur langue que nous ne le sommes à la nôtre?

*

Il n'est que trop vrai que le français (comme sans doute pas mal d'autres langues par le vaste monde) se laisse un peu trop complaisamment envahir par le vocabulaire anglo-saxon, variété yankee (Je dirais, si ce livre était destiné à des lecteurs frivoles, mais hélas ces lecteurs-là ne lisent plus, je dirais que le français tend les fesses à la sodomisation).

Il est non moins vrai que le français a été bien souvent envahi, dans le passé, par des hordes conquérantes de vocables étrangers : germaniques à l'époque calamiteuse des Grandes Invasions puis à celle des rois chevelus, latins lors des vagues périodiques de « retour aux sources » animées par des puristes enragés de la langue cicéronienne, grecs lorsque la science et ses applications se mirent à parler grec... Il a digéré tout cela.

Le fonds populaire, totalement ignorant mais pourvu d'une belle santé et d'un solide appétit, dévorait, digérait, assimilait : francisait. La langue partait d'en bas, des dames de la halle, des « crocheteurs du Port-au-Foin » chers à Malherbe, et gagnait vers le haut, gobant au passage les nouveautés, les accommodant à sa façon. Beaux esprits, petits maîtres et cuistres enfarinés couraient derrière sur leurs petites pattes.

Aujourd'hui, le rôle des cuistres latinisants et des beaux esprits à prétentions raffinées est tenu par l'homme « qui cause dans le poste ». Par les médias, si c'est comme ça que vous aimez qu'on vous dise les choses. Le menu peuple, qui, jadis, n'avait guère de contact qu'avec lui-même, a désormais contact avec le monde entier, mais par l'intermédiaire exclusif desdits médias, surtout par celui de la télévision.

Les cuistres, du moins, étaient instruits. Les petits maîtres et beaux esprits avaient un vernis sur leurs talons rouges. Les gens qui causent dans le poste sont trop souvent des ânes boursouflés ou des baratineurs flatte-couillons, l'un n'empêchant pas l'autre.

Le peuple ingurgite. Mais il ne digère plus. Il ne participe plus, il ne crée plus. Il répète ce qu'il entend, mot pour mot, avec la mimique. Il régurgite. Il cause distingué, comme le gars dans le poste. Le genre de distingué du gars du poste. Le distingué gendarme. Le distingué vendeur de voitures. Le distingué jeune cadre dynamique. Le distingué cul de poule et langue de bois. Le distingué avec concessions à l'argot pour faire jeune...

Le gars du poste interviouve un plouc à béret au fin fond des déserts à choux-fleurs, le plouc parle le même langage que l'intervioueur. Il ne cause plus plouc, le plouc, il ne cause pas davantage français, il cause télé. Il déplore le douloureux événement, il reste foudroyé par ce lamentable drame de l'alcoolisme (attention à Ricard, couper si possible) et de l'incommunicabilité, il forme le vœu que les pouvoirs publics ne resteront pas indifférents devant le sort des malheureuses victimes et sauront mettre promptement fin aux déplorables méfaits de ces tristes héros d'une cavale qui tourne à la longue traque.

Ce qui sort du poste est par là même officialisé, anobli, consacré. Le populo n'innove plus, il suit, tout fier d'être dans le vent.

*

Bon. Et alors?

Alors, rien. Nous assistons là à de l'historique. On ne remonte pas l'histoire à rebrousse-poil. On ne peut que constater les dégâts, avec ironie, avec humour, avec désespoir. Et se faire traiter de passéiste (oh, le vilain mot!)... Regarder le flot couler, et ce qu'il charrie.

On peut écrire d'étincelants et mordants pamphlets ridiculisant la décadence. On peut dresser des inventaires féroces des barbarismes, cuirs, pataquès, énormités, bassesses, glissements de sens, complaisances, poncifs et clichés « éculés » (Cliché!) sortis de la bouche ou de la plume de ceux qui sont censés donner l'exemple, et qui, hélas, le donnent en effet. Ces inventaires du désastre se font traditionnellement sous la forme sarcastico-navrée, avec brin d'humour de bon ton, délectation morose, rictus amer de la commissure où s'accroche la pipe, bref, tous les symptômes ostensibles de l'autosatisfaction du fin lettré qui voit autour de lui le monde s'écrouler juste comme il l'avait prédit.

On peut, si on est l'Etat, intervenir autoritairement pour « le maintien de l'intégrité du français dans le cadre prestigieux de la francophonie » et opposer aux envahisseurs yankees des listes obligatoires de termes « français » (je mets les guillemets parce que ces mots « français », ou pour mieux dire néo-français, fabriqués sur commande, sont parfois aussi peu français que les indésirables qu'ils prétendent remplacer, et beaucoup moins plaisants).

On peut, on peut...

Rien n'y fera. Ou si peu... On peut par contre risquer des paris sur ce que sera le français dans cinquante ans. Il est certain qu'il aura, disons, « évolué ». Mais a-t-il fait autre chose qu'évoluer, depuis deux mille ans? Simplement, ça va plus vite. Et ce ne sont plus les crocheteurs du Port-au-Foin qui donnent le ton, ni les poètes qui savaient les écouter, mais les grosses mâchoires, les têtes carrées et les lunettes d'écaille.

Ma belle langue, ma bien-aimée, il me faut donc te voir jour après jour devenir insipide, bêtasse, rabâcheuse et prétentieuse, il me faut te voir dire « O.K. » en mâchant de la gomme, voir tes yeux pleins de malice s'éteindre et ne plus refléter que la connerie satisfaite des performants de l'immobilier et des battants du marketing, l'emphase boursouflée des « porte-parole » et autres politicards, le faux enthousiasme hystérique des commentaires sportifs...

Il faudra bien s'y faire. On ne construit plus de châteaux de la Loire, on construit des Centres Pompidou en tôle peinturlurée et des opéras Bastille décrépis avant d'être terminés. On ne construit plus le Louvre, on construit la pyramide.

Il faut s'y faire, mais je ne m'y fais pas, et je crèverai malheureux, ô ma bien-aimée. Ils ont posé leur gros cul sur ton cher visage, ils t'ont avilie, ils t'ont ravalée à leur propre nullité, à leur vulgarité crasse.

Même les poètes t'ont lâchée. Ils se sont réfugiés dans l'abscons.

Il n'y aura plus dans nos villes que des opéras Bastille, des lèvres ne sortiront plus que des langues de bois. Le luxe suprême : le formica et la baguette d'aluminium doré sur le gris sale du béton. Pourquoi la parole y échapperait-elle ?

Ils ont les moyens de faire grand et beau. Là où les siècles passés n'avaient que la sueur des hommes, ils ont la fantastique puissance des machines, et ils ne savent produire que camelote mort-née...

Allons, ils l'auront, leur réforme de l'orthographe. Mais qu'en feront-ils ? Ils n'écrivent plus.

*

J'ai été stupide très longtemps. Je veux dire, sans le savoir. Et puis, un jour, j'ai su que je l'étais. Le suis-je moins pour autant ?

J'étais stupide parce que je croyais à ce qu'on m'avait enseigné à l'école. A ce que chacun de mes instituteurs, l'un après l'autre, chacun de mes livres de classe, m'avait répété avec une conviction d'apôtre : que l'on n'étudiait pas POUR un résultat pratique (gagner de l'argent, se hisser dans la société, acquérir de l'honneur, de la puissance ou même posséder un métier) mais pour le pur plaisir d'apprendre, de savoir, de comprendre.

En somme, on m'inculquait l'amour de l'étude comme un jeu, un jeu gratuit qui trouvait sa récompense en soi, un luxe de riche à la portée des plus pauvres. Cette curiosité intellectuelle, ce goût de savoir pour savoir, répondaient bien à mon tempérament, à ma jeune curiosité avide, que je m'y suis adonné sans mesure. Et puis, c'était si beau ! Je voulais être semblable à ce fameux « honnête homme » du dix-septième siècle, ayant des lumières sur tout et des bases solides. Je croyais d'ailleurs – ô ma naïveté ! – que c'était le cas de tout un chacun, puisque tous étaient, comme moi, initiés au même idéal par l'école gratuite, laïque et obligatoire.

Je voyais la vie comme ça : on sacrifie sa journée au travail nécessaire (si possible intéressant) et puis, pendant le temps libre, on se cultive. Je marchais vraiment à côté de mes pompes.

J'ai vu, au long des années, le mot « culture » galvaudé au point d'en arriver à signifier carrément le contraire de son acception première, pour autant qu'il signifie autre chose, désormais, que le bric-à-brac fourre-tout universel. Je n'arrive pas à m'y faire. Pour moi, la culture, c'est tout ce qui est objet d'étude. Tout ce qui constitue, si l'on veut, le domaine de la connaissance. Pour EUX, la culture est une espèce de musée où tout trouve sa place, depuis la méditation du yogi contemplant son nombril jusqu'aux premiers gribouillis du bébé. Entendons-nous bien : je ne dénie pas à ces activités le privilège d'être OBJETS de culture, c'est-à-dire phénomènes pouvant intéresser tel ou tel domaine de l'étude. Le yogi peut être un sujet pour l'ethnologue, le psychologue, le spécialiste des religions, le physiologue, etc., le bébé gribouilleur pour le pédiatre, le spécialiste de l'acquisition de la maîtrise de la main et de la notion d'espace, etc. Mais ce n'est pas ce qu'on entend quand on élève ces activités à la dignité culturelle. On veut qu'elles soient des moyens d'appréhender *quelque chose* d'essentiel, des chemins vers la connaissance.

Un truisme qui a fait fortune proclame que la science « occidentale » n'est pas le seul moyen, qu'il en existe une infinité d'autres mettant en avant, non la « raison », mais les procédés ésotériques dont foisonnent les folklores de tous les peuples qui n'ont pas eu la chance d'être assez tôt en contact avec la méthode héritée des Grecs, et développée par l'Occident, la seule valable.

Dans son acception noble, la culture peut être définie comme l'ensemble des arts d'agréments (musique, littérature, cinéma, peinture, danse...). Dans son sens élargi, elle comprend tout ce qui est loisirs, folklore et souvenirs de voyage, depuis le bouquet des vins jusqu'au loto sportif. Les deux acceptions entrent dans un cadre plus général qui est : la culture, c'est tout ce dont on peut discuter subjectivement à perte de vue en disant : « Moi, j'aime » ou « Moi, j'aime pas », en entassant des arguments sentimentaux qui ne prouvent rien. C'est-à-dire le contraire de la connaissance objective, c'est-à-dire le contraire de ce que cela est supposé dire.

Quand j'entends le mot « culture », je sais qu'il va se dire des conneries.

*

Qui a décidé qu'apprendre est une corvée? Qu'il faut enrober l'enseignement dans beaucoup de « ludique », comme la pilule dans du sucre, pour ne pas rebuter, voire traumatiser, les fragiles têtes blondes? Alors que l'enfance, justement, est l'âge de toutes les disponibilités, que les neurones du cerveau sont pétulants et gloutons, la mémoire vierge, la curiosité affûtée? Alors que TOUT est jeu. Un enfant devrait savoir à peu près lire à six ans. Or, on interdit cela. Interdit-on aux mères d'apprendre à parler à leurs gosses le plus tôt possible? Et à marcher?... On n'enseignera jamais trop, trop tôt, à un enfant. Ce qu'on apprend à ces âges marque très fort. C'est toujours le premier contact qu'on a eu, enfant, avec une matière, qui restera la base de cette connaissance pendant toute la vie, ce qu'on en apprendra ensuite ne faisant que préciser, perfectionner, enrichir cette première impression, noyau autour duquel les acquisitions successives se déposent en couches concentriques.

*

Autrefois (« de mon temps », hélas) il était admis que l'instruction dite « primaire » devait faire qu'à douze ans chaque Français avait non seulement acquis (je ne dis pas « maîtrisé », je m'efforce de parler français) la lecture, l'écriture, une bonne orthographe, les « quatre opérations » et des notions élémentaires d'arithmétique, mais aussi avait fait le tour complet quoique sommaire des connaissances. Un élève attentif avait des aperçus en à peu près tout. A lui de compléter, par la suite, s'il était curieux. On avait d'ailleurs éveillé sa curiosité.

Aujourd'hui, le « primaire » (ou ce qui en tient lieu) n'est plus un cycle complet, mais seulement une antichambre, car la véritable étude commencera après l'entrée en sixième. D'où des élèves qui arrivent en sixième dans l'état où l'on arrivait autrefois au cours élémentaire... Sommairement, dit, la communale a régressé au niveau de l'école maternelle des années trente.

*

« Ce que l'on conçoit bien s'énonce clairement. » Donc, si l'on n'arrive pas à s'exprimer, c'est qu'on pense flou, qu'on se contente d'assener des convictions, des sentiments, des pensées stéréotypées, des lieux communs, des mots d'esprit, et qu'on n'éprouve nul besoin de logique, de cohérence, en somme de comprendre et d'être compris. Le langage devient exclamatif et péremptoire, voire agressif, en même temps que ce qu'il assène est moins démontré.

*

J'aimerais voir les Français aussi fiers, aussi jaloux, pour tout dire aussi chauvins de leur langue, y compris son orthographe à panache, que de leurs vins.

J'ai été élevé au vin. Ma première boisson, après le biberon, a été l'eau rougie au gros tutu de table onze degrés. Papa faisait livrer un tonneau dans la cave, je descendais remplir les litres à la cannelle. Puis ce fut le vin coupé d'eau, moitié-moitié, et un doigt de vin pur après la soupe brûlante, le « coup du docteur ». Papa disait, sentencieux, « Le vin rouge fait le sang rouge ».

Eh bien, je n'ai jamais pu mordre au culte, à la religion du vin, qui réunit dans une même adoration tous les Français, riches ou purotins. D'abord ce liquide suret, pas désagréable, certes, mais sans plus, ne me paraissait pas valoir une telle dévotion, ensuite je subodorais derrière cette gravité sacramentelle tout un folklore de pacotille entretenu par d'astucieux mercantis autour du « divin jus de la treille », c'est comme ça que ça se cause. C'est peut-être le seul point sur lequel je ne me sens pas vraiment l'âme française. Tout juste si je sais reconnaître un vin rouge d'un vin blanc. J'écoute avec amusement des Français parler vin. Ils finissent toujours par en parler. Avec amusement, mais avec stupeur, aussi. Je ne puis croire qu'ils sont sérieux. Allons, ils font semblant, ils s'amusent, ils vont cligner de l'œil et éclater de rire... Mais pas du tout. Ils en viendraient plutôt aux mains. Et leurs femelles s'y sont mises, ne pas avoir l'air godiche, la carrière du mari peut tenir à ça... Le snobisme du vin, jadis amusement de notaires, s'est popularisé, comme tous les snobismes, puissamment propulsé par la publicité. La France produit énormément de vin, il faut le boire. Pour la sécurité de l'emploi, pour la Patrie! Si vraiment chaque Français ne buvait que la stricte quantité qui ne fait pas virer l'Alcotest, la France tomberait en faillite.

Pour être apprécié dans le monde, il est tellement plus facile de mirer un verre de meursault d'un air sagace, de faire claquer la langue et de débiter une des solennelles âneries stéréotypées à base de « gouleyant », de « jambe », de « corps », etc., que d'écrire une lettre sans trop de grosses fautes[1]!

Donc, en ce qui concerne le vin : tradition. Le peuple de France, unanime, est prêt à se lever et à mourir pour l'honneur des ceps. En ce qui concerne sa langue, il lâche tout. Il s'en fout. Le Français aime mieux son vin que sa langue. D'ailleurs, il vous répondra que le vin AUSSI est poésie. Ça fait partie du stock de poncifs élégants fournis gratuitement par les marchands de pinard.

*

Moi qui hais les traditions, car toutes sont stupides et attrape-couillon, je me ferais hacher pour que vive et prospère le français. Justement pas pour la tradition. Mais pour la beauté, pour la céleste, l'invraisemblable harmonie de cette langue qui a vraiment eu de la chance de devenir aussi belle, au point de tourner ses erreurs de parcours à son avantage. Mais où est-il donc, le peuple béni

1. Quand même : un coup de rouge sur le camembert, c'est l'extase. Mais ça marche avec n'importe quel vin rouge!

qui, au long des siècles, a façonné cette merveille? A-t-il vraiment disparu, et sont-ce ses descendants, ces arrivistes pète-sec, aussi fermés à la véritable beauté que la serrure de leur attaché-case?

Je ne me cramponne pas au « bon vieux temps ». Je veux que le français évolue, mais comme il a toujours évolué : par lui-même, de lui-même, sur lui-même. Par le bas. Je sais que je parle fort mal. Devant un micro, je bafouille. Les mots qui me viennent sont des mots populo, et populo ringard : mon argot date des années trente, même mes défauts de construction sont de cette cuvée. Je dis « les clous » là où l'on dit « le matos », je dis « un » clope, « un » vanne... On ne parle plus comme ça que chez Boudard, Pierre Perret et San Antonio. Et alors? Où est-il, l'argot d'aujourd'hui? Celui des marchandes des quatre-saisons? Disparu avec elles. Celui de la pègre? S'il y en a un, il joue vraiment son rôle de langage secret, car nul ne le connaît. Reste l'argot des adolescents, lycéens, étudiants, zonards, rockers... Il court vite. Il faut être dedans, c'est-à-dire avoir l'âge. Je ne parle pas du « verlan », qui n'invente pas, qui n'est pas drôle, tout juste une acrobatie de potaches comme le javanais et le louchébem de mon enfance. De toute façon, je ne crois pas que les croisés de la réforme se hasardent vers ces rivages mal famés.

CARGUEZ LE CLINFOC, DINOSAURES !

J'EN veux à mes maîtres de m'avoir inculqué le goût de l'effort pour l'effort, de la vérité pour la vérité, de la science pour la science.

Je leur en veux d'avoir exalté en moi l'amour du beau, du simple, du rustique.

Je leur en veux de m'avoir formé dans le mépris de l'argent, de l'ambition et de toutes les vanités que peut offrir la « réussite ».

Je leur en veux, et j'en veux à tous les poètes, à tous les littérateurs, à tous les faiseurs de livres de morale et de morceaux choisis, car dans ces œuvres on trouve toujours, toujours, l'éloge éperdu de la vie bucolique, de la maisonnette blottie dans la verdure, des plaisirs simples, et l'horreur du clinquant, du frelaté, des plaisirs fallacieux qu'on achète à prix d'argent.

Je leur en veux car ils étaient les agents, inconscients, je veux bien, et dupes eux-mêmes, de ceux qui nous manipulent, qui font la vie telle qu'elle est, c'est-à-dire exactement le contraire de cet idéal, et qui nous bourrent le mou avec ces visions idylliques.

La littérature, le cinéma et, dernière-née des machines à suggestion mais la plus puissante de toutes, la publicité nous entretiennent délibérément tout au long de notre vie dans cette illusion que le beau, le vrai, c'est la « nature », l'homme nu, athlétique et bronzé, les petits oiseaux, la chaumière et le cœur, l'eau pure jaillissant de la montagne inviolée, la vie paisible dans un monde harmonieux...

Le béton concentrationnaire, l'usine polluante, l'autoroute, l'alcool, la drogue, les plaisirs fabriqués et coûteux, les besoins artificiellement créés et entretenus, le travail abrutissant sont plus ou moins implicitement tenus pour des exceptions, des « bavures », provisoirement subies mais qui ne sont pas la norme.

Or, là est le mensonge. La vie simple, « écologique », si vous voulez, est du domaine du rêve. Le vrai, c'est le béton, la pollution, la destruction de toute vie qui n'est pas humaine, le profit effréné, la course à la puissance, la guerre. Pas plus que le reste, la guerre n'est exceptionnelle. On veut nous en faire un monstre, alors qu'elle est parfaitement prévue, organisée... et périodiquement nécessaire pour la bonne marche de l'économie.

Si bien que nous vivons dans le béton, la chimie et le clinquant comme dans un enfer hélas inévitable, en rêvant du paradis terrestre que devrait être notre vie si elle était conforme à ce qu'on nous enseigna, à ce que nous chantent poètes et artistes.

D'où, en notre « moi » profond, dichotomie, c'est-à-dire coupure, contradiction et malaise permanent.

Il vaudrait mieux nous enseigner la vérité, nous acclimater dès l'enfance à ce que sera notre vie réelle et à son milieu. Il vaudrait mieux, ô poètes, chanter le béton, le verre et l'acier, les tours et les grands ensembles, et l'odeur d'essence, et les deux cent cinquante à l'heure sur l'autoroute, et l'usine qui vomit la mort dans la rivière, et les « scooters de la mer » brassant les étrons et coupant les baigneurs en deux, et le frisson de la grande aventure du loto, la fascinante beauté des girls du « Lido », le bonheur d'avoir accès, moyennant finances, aux innombrables, ingénieux et futiles gadgets que crachent à jet continu les usines et que transportent à tous les bouts de l'Europe les poids lourds monstrueux... Chantez, ô poètes, les hypermarchés et les Disneylands, les hordes de touristes et les avions bourrés de salariés croyant trouver ailleurs, brièvement, parmi des millions d'autres enfants perdus, sur une plage-luna-park, le rêve de l'évasion vers la nature dont leur petite âme est pleine.

Pourquoi ce mensonge? Parce que ceux qui tiennent les commandes savent que nous ne supporterions pas de voir la vérité en face? Alors, dès l'enfance, on nous plonge dans un monde irréel, plein de bambis, de petits lapins et de vie « naturelle »? Mais ainsi fait-on de nous, tout au moins des plus sensibles d'entre nous, des mal résignés, des révoltés, des exilés sur une planète en délire, des malheureux. C'est-à-dire des individus dangereux.

Ceausescu, le dictateur roumain, est-il aussi fou mégalomaniaque qu'on le dit, ou bien sa rage de destruction du passé ne serait-elle pas suprême sagesse? Il rase les chaumières et construit des tours. N'a-t-il pas raison, dans sa logique de tyran lucide désirant régner sur un peuple à l'âme sans problèmes, de supprimer tous les supports de nostalgie, tous les vestiges d'un « bon vieux temps » à jamais enfui (et qui n'a jamais existé) qui perturberaient l'imagination d'un peuple qu'il veut résolument tourné vers ce qu'il appelle « l'avenir »?

Un dictateur moderniste conséquent avec lui-même doit interdire sous peine de mort et détruire impitoyablement tout ce qui peut raccrocher les masses à leur passé, tout ce qu'ont toujours chanté les poètes : églises, monuments, belles vieilles demeures, meubles, statues, tableaux et toutes œuvres d'art, poèmes, chansons populaires, légendes, littérature, films et tout ce qui évoque le « bon vieux temps » et les « joies simples », forêt profonde, merle siffleur, ruisseau jaseur, rosée sur l'humble violette, feu de bois dans la cheminée, veillée dans la chaumière, etc., etc.

Ce n'est pas tout de bétonner. Il faut faire aimer le béton. Il faut supprimer la notion de tout ce qui n'est pas le béton.

*

Evidemment, l'épuration de notre dictateur s'étendrait à l'écriture. L'écriture n'est qu'un pis-aller, un moyen, ingénieux, certes, mais bien compliqué et désormais bien désuet, de fixer la parole. L'électronique fixe la parole en court-circuitant l'écrit, en supprimant le long apprentissage de l'écrit. Les nouvelles couches négligent d'apprendre l'orthographe, et même l'écriture. Elles ont raison. Elles vont dans le sens de l'histoire. C'est désormais la technique qui fait l'histoire. Si Gutenberg avait connu le magnétophone, il n'aurait pas voué sa vie à assembler des petits morceaux de plomb. On connaît le nom de Gutenberg. On ne connaît pas celui de l'inventeur du magnétophone. C'est parce qu'ils furent multiples. La technique n'est plus l'affaire d'un bricoleur de génie, mais de bureaux d'études financés par des hommes d'argent qui savent s'il y a un marché potentiel et à quel moment précis il faut le saisir.

On n'arrête pas le progrès, dit Ducon. Ducon a

toujours raison. Les diligences disparurent quand le chemin de fer les eut rendues inutiles. Le cheval et la marine à voile sont réduits à l'état de joujoux. L'imprimé, plaise ou non – ça ne me plaît pas –, disparaîtra, son sursaut actuel n'est que flambée morbide, il vivotera quelque temps pour illustrer les boîtes de conserve et imprimer les codes à barres, jusqu'à ce qu'on trouve autre chose.

Revenons à nos moutons : l'orthographe, l'écriture, aujourd'hui.

Certes, le français vit, tout au moins vivote, et donc évolue. Le français parlé. Les intrusions, il les rejettera ou il les digérera, la métaphore fleurira, sinon dans les faubourgs (où sont-ils?), du moins dans les caves des H.L.M., dans les lycées, les casernes, les prisons. Le filtre des médias n'émasculera pas tout (voyez avec quel empressement les présentateurs télé s'emparent du vieil argot des voyous et l'officialisent : le « casse », la « cavale », le « caïd »...).

Quant au français écrit... Pourquoi voulez-vous qu'ils disent, qu'ils écrivent, les jeunes d'aujourd'hui, et surtout ceux de demain? Ils ont d'autres sources d'information, de culture, d'intérêt, d'amusement, d'autres moyens de communication : TV, radios, cassettes, téléphone, bientôt vidéophone...

Il ne s'agit pas ici de juger, encore moins de mépriser. C'est un constat. La civilisation de l'imprimé (on dit « la galaxie Gutenberg » quand on a de la lecture, eh, Machin!) se meurt, même si elle répand sous elle une diarrhée de papier sale qui peut faire illusion. Qu'elle crève au moins debout! Qu'elle n'aille pas, avant de disparaître, se défigurer par des concessions piteuses à des gens qui, de toute façon et dût-elle se traîner à leurs pieds, n'y mordront pas. Encore une fois, ce n'est pas parce que l'orthographe les rebute qu'ils ne lisent ni n'écrivent, c'est parce qu'ils n'aiment pas ça et n'en voient pas l'utilité.

L'écriture, la lecture, l'imprimé, c'est mon bateau à voile, à moi. Et à quelques autres Duschnock, laissés pour compte du temps jadis. Qu'on nous laisse faire joujou dans notre coin. On laisse bien Tabarly et d'autres gugusses déguisés en loups de mer carguer le clinfoc et virer lof pour lof, comme si vraiment ça servait à quelque chose! (Il est vrai que c'est du sport, donc du fric...) On laisse bien les cornichons du Tour de France pédaler à s'en péter les cuisses alors que la moindre Deux-Chevaux roule à cent vingt! (Même observation que ci-dessus...) Alors, laissez-nous carguer nos petits clinfocs, nous ne faisons de tort à personne, il n'y a même pas de fric à la clef (sauf s'il s'organise des paris autour des championnats d'orthographe!).

– Ouais, ouais, dit le monsieur qui a voué sa vie à la réforme de l'orthographe (il faut bien la vouer à quelque chose), mais tout ça, c'est des arguments sentimentaux.

Pardi! Quels autres aurais-je? C'est bien de sentiment qu'il s'agit, non? Rendez-vous compte : ils vont amputer « mignonne » d'un « n »! Tout ce qu'on voudra, « mignonne » n'aura pas le même goût.

– Pas de pitié pour les dinosaures, dit le monsieur-qui-etc.

Table

DU MÊME AUTEUR

Chez Pierre Belfond :

LES RITALS.
LES RUSSKOFFS.
BÊTE ET MÉCHANT.
LES YEUX PLUS GRANDS QUE LE VENTRE.
MARIA.
L'ŒIL DU LAPIN.
LES ÉCRITURES.
LOUISE LA PÉTROLEUSE, théâtre.
... ET LE SINGE DEVINT CON, L'Aurore de l'Humanité I.
LE CON SE SURPASSE, L'Aurore de l'Humanité II.
LES FOSSES CAROLINES.
LA COURONNE D'IRÈNE.
LE SAVIEZ-VOUS ?
LES AVENTURES DE NAPOLÉON.

Aux Éditions Hara-Kiri :

4, RUE CHORON.

Chez Jean-Jacques Pauvert :

STOP-CRÈVE.
DROITE-GAUCHE, PIÈGE À CONS.

Aux Éditions Julliard :

(Collection « Humour secret »)
CAVANNA.

Chez Albin-Michel :

LA GRANDE ENCYCLOPÉDIE BÊTE ET MÉCHANTE.
LA NOUVELLE ENCYCLOPÉDIE BÊTE ET MÉCHANTE.

Aux Éditions L'École des Loisirs :

Adaptés en vers français par Cavanna :
MAX ET MORITZ, de Wilhelm Busch.
CRASSE-TIGNASSE (Der Struwwelpeter).

Œuvres de Cavanna
dans Le Livre de Poche

Les Ritals — nº 5383

Les Ritals ? On l'a compris, ce sont les Italiens tels que l'argot s'amuse à les appeler, tronçonnant par manie d'aller au plus court et plantant un R devant pour l'euphonie. Et *Les Ritals* de Cavanna, ce sont les natifs d'au-delà des Alpes attirés par l'appât du travail et fixés en banlieue est, à Nogent-sur-Marne – rue Sainte-Anne et alentours pour être précis, à une époque qui se situe entre 1930 et 1940, soit approximativement entre les six et les seize ans de l'auteur.

Récit d'enfance donc, placé dans la bouche du « gosse de ce temps-là revécu par ce qu'il est aujourd'hui, et qui ressent tellement fort l'instant qu'il revit qu'il ne peut pas imaginer l'avoir vécu autrement ».

Le fils d'un maçon italien et d'une Morvandelle, qui grandit au milieu des purs Ritals, saute avec eux du temps des gamineries dans celui des jeux de l'adolescence, se paie une fugue et s'en repent, cherche sa place dans un monde soumis aux tentations des chemises rouges, noires ou brunes. Quant aux adultes de cette petite Italie, c'est Vidgeon qui domine tous les autres, Vidgeon planteur de pêchers, fabricant de mètres pliants, donneur de pain à qui en manque : son père.

Rien que pour lui, il faut lire cette alerte autobiographie d'un gamin de banlieue, dont Cavanna conte la suite dans *Les Russkoffs* (Prix Interallié 1979).

Les Russkoffs — nº 5507

Le petit Rital de la rue Sainte-Anne a grandi. Septembre 1939 : il vient d'avoir seize ans. Une année mémorable. Les six qui suivent sont pas mal non plus. Pour lui et pour beaucoup d'autres.

Cette fois encore, c'est le jeune gars de ce temps-là qui parle, avec ses exacts sentiments de ce temps-là, ses exacts sentiments tels que sa mémoire les lui fait revivre. Il n'est pas forcément triste là où il devrait l'être, ni joyeux là où d'autres le seraient. La guerre, ça n'a pas le même goût pour tout le monde.

Ce livre est dédié à tous les pauvres cons qui ne furent ni des héros, ni des traîtres, ni des martyrs, ni des bourreaux, mais simplement, comme moi-même, des pauvres cons.

Cavanna.

Bête et Méchant

nº 5755

Après la banlieue des *Ritals*, l'Allemagne et la Russie des *Russkoffs* et de la guerre, Cavanna rentre à Paris. Il faut survivre, sans argent et sans relations. Ses premiers dessins, il les donne au journal *Le Déporté du Travail.* Maria, la femme tant aimée, perdue en Russie, continue de hanter François. Il met des messages sur le tableau de l'association des Déportés. Il y rencontre Liliane, « petite chèvre aux cornes agacées », rescapée des camps de concentration qui recherche, elle aussi, sa famille. Après des travaux temporaires et beaucoup de portes claquées au nez, ce sont les débuts de *Hara-Kiri* avec Choron et les copains; Cabu, Wolinski, Reiser, Topor, Melvin, Gebé, Fuchs. *Hara-Kiri* devient le célèbre journal « bête et méchant ». Surviennent les démêlés avec la justice, un poil bien dessiné mais mal placé... et la condamnation s'abat.

La langue de Cavanna est crue mais le cœur est infiniment tendre et bienveillant. Son prodigieux humour atténue la violence et la bêtise des luttes quotidiennes. Un extraordinaire troisième volet de la vie de Cavanna.

Les Yeux plus grands que le ventre

nº 6036

« Trente-cinq ans. L'âge des ogresses qui rôdent, claquant des mâchoires. L'âge des mantes religieuses. Les redoutables divorcées de trente-cinq ans. Petit homme triste qui rêve d'un gros doux cul pour y poser ta tête, petit homme triste, si tu en vois une à l'horizon, fuis à toutes jambes, fuis! »

Le héros des *Ritals,* des *Russkoffs,* de *Bête et Méchant* raconte *Les Yeux plus grands que le ventre* comment on devient un amoureux impénitent. Les femmes et Cavanna, ce n'est pas triste, même si c'est, quelquefois, tragique.

Maria n° 6317

« Ce livre est le cinquième d'une série autobiographique qui commença avec *Les Ritals* et continua avec *Les Russkoffs,* puis *Bête et Méchant,* enfin *Les Yeux plus grands que le ventre.* A la fin de ce dernier volume, l'auteur avait rejoint le moment même où il était en train d'écrire...

Le présent ouvrage est donc, entre autres choses, un essai d'autobiographie-fiction, le premier essai d'autobiographie-fiction de tous les temps. L'histoire racontée dans les pages qui suivent est le récit d'événements non encore advenus dans la vie de celui qui les raconte mais qui découlent presque fatalement de ce que nous savons de lui, de ses antécédents, de son caractère, d'après les épisodes antérieurs de sa biographie, épisodes scrupuleusement vrais, ceux-là, et effectivement vécus, qui donnent de lui et des protagonistes de sa « saga » une image suffisamment précise pour que l'extrapolation dans un avenir d'ailleurs peu éloigné soit possible sans trop de risque. »

Nous sommes en 1989...

Les Écritures n° 5903

Il fallait être Cavanna pour se permettre de réécrire la Bible quelques milliers d'années après la « première édition »!

Cavanna ne se résigne pas à l'injustice, à la violence et à la cruauté des hommes créés par Dieu. Alors il relit l'Ancien et le Nouveau Testament et les commente à sa manière, verset par verset, dans « Les Aventures de Dieu » et celles « du Petit Jésus ».

La Bible du fondateur d'*Hara-Kiri,* journal bête et méchant, auteur des *Ritals,* des *Russkoffs,* est certes corrosive, d'une irrévérence gaillarde, mais elle est aussi remplie d'humour, franchement drôle, et contient une grande tendresse pour notre pauvre humanité. « O Dieu, que je t'en veux de ne pas exister », écrit Cavanna en exergue à ses *Ecritures.*

... Et le singe devint con n° 6186

« Il y a un million d'années, un neutron perdu, errant par les espaces infinis, frappait le fœtus d'une guenon juste là où il fallait pour qu'il perdît sa queue et sa joyeuse humeur et commençât à calculer sa retraite des cadres. »

... Et le singe devint con

En vingt-cinq leçons magistrales, les origines et le développement de l'humanité, racontés et dessinés par Cavanna.

Le Con se surpasse n° 6426

« Et donc le Singe a perdu sa queue. Il est descendu de l'arbre. Il a appris à se tenir debout sur ses pattes de derrière sans se casser la figure, ce qui est très difficile. Il y a mis quelques millions d'années, mais ça valait la peine. Tous les spécialistes seront d'accord : c'est grâce à la station verticale, qui dégage bien la poitrine et permet de porter un nœud papillon ou des médailles, beaucoup de médailles, en les mettant bien en valeur, que l'Homme est devenu vraiment et pleinement l'Homme, et même ce qui se fait de mieux en fait d'Homme : le Con. Le Singe est devenu le Con. Maintenant, il fait le fier. Il regarde de haut les autres créatures... »

En vingt-cinq cours magistraux... plus un tableau récapitulatif, *Le Con se surpasse,* raconté et dessiné par Cavanna.

Les Fosses carolines n° 6556

Ceci est un roman. Un roman d'aventures. Il se situe en des temps lointains. C'est donc un roman historique.

Ce n'est pourtant pas ce que l'amateur averti appellerait un « peplum » ou un « ben-hur ». Ce n'est pas non plus un récit à châteaux forts, tournois, gentes dames et gracieux sires... Ça se situe entre les deux. Dans le grand trou noir, oui, c'est ça.

Les temps du Grand Chambard. Les temps du Grand Brassage. Les temps où s'exterminent et se mêlent les masses humaines précipitées de partout : des steppes d'Asie, des forêts du Nord, des déserts d'Afrique...

Les temps où se fit l'Europe des Bâtards. Notre Europe. Nous sommes tous des bâtards. Tant mieux pour l'Europe. On s'y bat férocement. On y baise furieusement. On y aime à en mourir d'amour. Voilà. C'est un roman. Un roman d'aventures.

La Couronne d'Irène

n° 6828

Entre 796 et 802, l'Europe dévastée par les Grandes Invasions est partagée en deux. A l'Orient, les restes bien menacés de l'Empire romain sur lesquels règne la pieuse, l'ambitieuse, l'implaçable Irène. A l'Occident, la puissance conquérante du royaume franc sous la poigne de fer de Karl, dit Charlemagne.

Au Sud, le formidable élan de l'Islam s'est essoufflé et digère ses conquêtes... Mais c'est maintenant du Nord que surgit une nouvelle menace : la première ruée des flottilles de drakkars des Vikings, ravageurs sanguinaires pour qui seul compte le butin. « Ces gaillards-là arrivent, tuent, pillent, brûlent tout et puis s'ensauvent, leurs nefs chargées à ras l'eau de ciboires d'or, de cochon salé, de pucelles et d'enfantelets qui se retrouveront, va savoir par quel chemin, putains dans les bordels de Byzance ou esclaves châtrés comme chapons dans les harems de Bagdad... »

C'est à travers cette Europe des périls que le chevalier Renaud, l'écuyer Raymond et Tamara l'esclave, réchappés de la terrible aventure des *Fosses carolines*, vont vivre une nouvelle odyssée.

L'Œil du lapin

n° 6577

J'ai eu une enfance merveilleuse. Oui, toutes les enfances le sont, mais celle-là plus que ça, beaucoup plus. Et je m'en rendais compte. Comment dire? J'étais heureux et je me regardais être heureux. Je me racontais mon bonheur.

Les Ritals, c'était le livre de mon père.

Ceci est le livre de ma mère.

Maman orgueilleuse jusqu'à l'ascèse. Maman solitaire parmi ses rêves en ruine. Maman bourreau d'elle-même. Maman faisait des ménages, mais comme une reine en exil. Maman portant sa pauvreté comme le manteau du sacre. Maman étouffant d'amour rentré. Maman qui n'a trouvé qu'une passion digne d'elle : son fils...

IMPRIMÉ EN FRANCE PAR BRODARD ET TAUPIN
Usine de La Flèche (Sarthe).
LIBRAIRIE GÉNÉRALE FRANÇAISE - 6, rue Pierre-Sarrazin - 75006 Paris.

ISBN : 2 - 253 - 05756 - 8 30/6998/6